望んでいるものが手に入らない本当の理由

W a n t

マイナスを受け取ると
プラスがついてくる

心理カウンセラー
心屋仁之助 Jinnosuke Kokoroya

ぱる出版

はじめに

こんにちは。

性格リフォーム心理カウンセラーの心屋仁之助です。

僕は、日々のカウンセリングやセミナーで、さまざまな方の悩みに向かい合ってきました。

「悩み」とは――「欲しいものが手に入らない」ということ。

そして、「持っているものを失いたくない」という思い。

簡単にいえばそのふたつです。

「欲しいもの」とは何でしょうか？

たとえばお金、たとえば愛情、たとえば健康。

たとえば、まわりの人からの承認や理解……。

こんな感じで、僕たちには「欲しいもの」がいっぱいあるはずです。

そして、そんな「欲しいもの」を、次々と手に入れている人もいれば、なかなか手に入れることができず、苦しみ続けている自分もいたりするわけです。


僕自身にも、欲しいものがいつもあります。

僕の場合、それはお金と世間からの「承認」でした。

たくさんのお金と、「すごい!」という言葉が欲しかったんです。

そして、それを手に入れるための、いちばんわかりやすい方法が、「がんばる」ということでした。

がんばった分だけ給料も上がって、収入が増える。

がんばれば、仕事の成果も上がって、ほめられて、「すごい!」と言われる。

報われて、出世して、満足できる……みたいな。

そんなことを思い描いて、「がんばって」いました。


なのに、カラ回りばかりだったのです。

ある程度までは「がんばり」で手に入ったんです。

でも、ある程度以上は、いくらがんばってもダメでした。

いくら結果を出しても認めてもらえません。

景気のせいもあって、給料はある程度以上は上がらなかったり。

「これはおかしい……」

そこで自分がやり始めたことは、「もっとがんばる」ということでした。

まだまだがんばりが足りないんだ。

もっとがんばれば認めてもらえる。

もっとがんばれば……と走り続けました。

その結果……僕は燃え尽きたのです。


がんばっても、がんばっても手に入らない、報われない……

この本を手に取っていただいた方も、もしかしたら似たような思いをされているのではないかな、と思います。

僕がカウンセリングをしているときのみんなの悩みも同じだから。

「愛してもらえない（嫌われてしまった）」

「わかってもらえない（誤解されている）」

「やさしくしてもらえない（ひどいことをされる）」

「振り向いてもらえない（尽くしているのに）」

「報われない（しんどいだけ）」

「お金がない（損してばかり）」

「売り上げが伸びない（顧客に選んでもらえない）」

……というように、「手に入らない」ことに、誰もが悩んでいるんです。


そしてもうひとつ。

「手に入らない」ことのほかに、「手に入れたものを失いたくない」ということでも、誰もが悩んでいます。

手に入れた「お金」「家」「車」、「人気」「承認」「役職」「名誉」、「健康」、そして「愛情」。

それらを失いたくなくて、必死に生きてきた。

失うのが怖くて、いまいる場所から動けない。そこにしがみついてしまう……という悩みです。
失敗したり損をすること、怒られること、嫌われることが怖くて、動けなくなってしまっているのです。

僕もずっとそんな人生を送ってきました。
そして、長年の会社生活を辞めて、このカウンセリングの世界に飛び込みました。
この新しい仕事を始めてからも、その考え方は僕の中にずっとしみついていました。
結局は会社員時代と同じようなことがずっと続きました。
欲しがって、欲しがって、欲しがっても手に入らないという「もがき」です。
もがいて、もがいて、もがき続けて……。
でも、ある日気がついたのです。
もがくのに疲れたある日、すべてを投げ出してみたのです。
そのとき、初めて気がついたことがあるんです。

「逆だったんだ」

と、いうことに。

僕がやっていたことは、じつは「欲しいものを手に入れないために、いちばん効果的な方法」だったのです。

欲しいものを手に入れるために、いちばんいいと思っていた方法が、「いちばん手に入らない方法」だった、ということに気づいたのです。

これは、仕事の成果も、お金も。愛情も、健康も、すべて同じでした。

「逆」の方法をずっととり続けていたのです。

「逆だったんだ」と気づいて、そこからが実験の始まりでした。

「欲しいものを手に入れるために、いちばん効果的な方法」に気づいてしまったのなら、それはやるしかないですよね。

気づいてしまった以上、「逆」の方法をとり続けるわけにはいかない……。

でも、「その方法」をやるには、いままでの常識が邪魔をするのです。

常識の「逆」をやるわけですから、とても怖い。

そして、意を決し、覚悟を決めて、僕は「その方法」をやり始めたのです。

するとどうでしょう。

その効果がてきめんにあらわれてくるではありませんか。

「欲しい」と思っていたものが、次々と手に入るようになったのです。

わかりやすいところでは、「その方法」をやり始めた直後に、テレビのオファーをいただき、自分の本の売り上げが、何倍にもなりました。

セミナーなどのイベントの参加者は一〇倍に。

自分の会社の売り上げも――そう大きくはないのですが――それでも単純に二倍になりました。

当然、欲しかった世間の「承認」や愛情も、驚くほどたくさんいただけるようになりました。

ひどく現実的な話ですが、これが不思議なことに、それらが手に入れば入るほど、僕の気持ちの中に変化が起こってきます。

それも「逆の変化」です。

くわしくは本文中でお話ししますが、とにかく、これからお読みいただくみなさんにはひと言――

「逆ですよ」

もうそれしかないのです。

「何かがうまくいっていない」「何かが手に入っていない」としたら、そのためにやっている努力はすべて「逆なのだ」ということ。

そして、それが「逆」だとしたら、じゃあどういう方法があるんだ？　と思われることでしょう。

でも、先にお断りしておきましょう。

僕がやった方法は、いままでの考え、信じてきたことの「逆」ですから、自分でもなかなか信じられなかったし、なかなか実行できなかった。

だからみなさんも読み進むうちに、「信じられない」「そんなおかしなことはない」と思われると思います。

でも、それはいちばんの罠です。

それを「信じてみよう」と思わないと、「いままでのうまくいかない考え方を信じ続ける」ということになります。

「うまくいかない考え方」を信じ続けていても、「うまくいかない」結果が出続けるだけだということは、おわかりいただけると思います。


僕が見つけた、うまくいく方法は、「いままでと逆」というものです。

そして、それこそ本書のテーマ、「受けとる」という話につながるものなのです。

一つひとつお話しします。

半信半疑のままでもかまいません。

試しに読んでみてくださいね。

望んでいるものが手に入らない本当の理由◉目次

第3章 拒んでいた「損」をどんどんしてみよう

第4章 悪口とほめ言葉を使ったレッスンをしよう

第5章 あなたを変える「受けとる」の言葉体験

第6章 嫌いになった自分をもう一度好きになるには？

第7章 なくした自信をもう一度取り戻すには？

第*8*章 心のものさしを知れば、人はのびのび生きることができる

第*1*章

あなたの「欲しいもの」は何ですか？

1 あなたの「欲しいもの」を書き出してみる

「あなたが欲しいのに、手に入っていないもの」

それはいったい何でしょう。

まずは、それを書き出して欲しいのです。

本を読み進めるにも、漠然と感じながらではなく、自分の人生に当てはめながらの方が効果が出るはずです。

次頁もしくは、ご自分のノートに書き出してみましょう。

たとえば、お金、パートナー、新しい車、自分の家、愛情、安心、仕事をこなす能力、他人からの評価、健康な体、すっきりとやせた体……いろいろあると思います。

まずはこうして、書き出してみてください。

もう少し対象を絞って、「パートナーに求めるもの」――として、「優しさ」とか「力強さ」とか、「決断力」「愛情表現」、といったことでもいいのです。

●リストアップしてみてください。
「あなたが欲しいのに、手に入っていないものは?」

2 あなたの「欲しくないもの」を書き出してみる

続いてもうひとつ。

「あなたが欲しくないもの」


それを書き出してみてください。

たとえば、手痛い出費、ローン、親との不和、パートナーが見つからないこと、不安、誤解されること、ウソをつかれること、仕事の失敗、他人に努力を評価してもらえないこと、不健康な体……。

いろいろあると思います。

要するに、「自分の身に降りかかって欲しくないもの」ですね。

または、現在、自分の身に降りかかっていて、排除したいことです。

たとえば、無理な残業、仕事上の理不尽、親からの押しつけといったようなこと。

●リストアップしてみてください。
「あなたが欲しくないものは?」

ほかにも、離婚や病気、事故、リストラ……。

あなたが「死んでも、そんな目に遭いたくない」「死んでも、欲しくない」というようなもの。

それを書き出してみてください。

3 欲しいものと欲しくないものは、セットになっている

まずは、●「欲しいもの」と▲「欲しくないもの」をなんとなく眺めてみてください。

そして、ちょっと確認していただきたいのですが、この二枚のリストは、セットになっていることが多いのです。

たとえば——

●恋人が欲しい　▲縛られるのはイヤ

●給料を増やしたい　▲残業はイヤ
●仕事で成功したい　▲しんどいのはイヤ
●仕事を同僚に助けて欲しい　▲できないやつと思われるのはイヤ
●やせたい　▲食べたいものをガマンするのはイヤ

という感じです。
そして、ここに、すべての答えがあります。
そう、●、▲はセットです。
▲のようにして、「欲しくないもの」を拒否すると、●の「欲しいもの」は手に入らない——ということなのです。

じつは僕もずっとそれをやってきたのです。

●仕事をもっと楽にしたい　▲人に仕事を頼むのはイヤ
●自分をもっと認めて欲しい　▲他人のことを認めるのはイヤ

●自分をもっと理解して欲しい　▲誤解されるのも、根掘り葉掘り聞かれるのもイヤ
●「すごい！」と言われたい　▲失敗して、大したことがないと言われるのがイヤ

いかがでしょうか。

でも、僕はそんなことに気づかずに、ずっと、▲をイヤがって、●を欲しがっていたのです。

「そりゃ～ダメでしょ」

「そりゃ～都合のいい話でしょ」と思いませんか？

お札が欲しい。

でも、お札の表面の図柄は好きだけど、裏側の図案が気持ち悪くて嫌い。

表だけ欲しい——と、わがままを言っているようなものです。

なんとかしてお札の裏を剥がして、表だけ手に入れようとするのですが……。

そんなことがうまくいくはずがありません。

4　片方を拒否すると、片方も逃げていく

いかがでしょうか。

ご自身の書かれたものは、ぴったりと、わかりやすいかたちで「対極」にはなっていないかもしれませんが、あらためて考えてみていただきたいのです。

自分が欲しいものの「対極」は何だろう、と。

その「対極」のもの、つまり、自分がいちばんイヤがっているものは何か？　ということです。

そして、じつは「欲しいもの」が手に入らないのは、その「欲しくないもの」を嫌っているからです。

ということは、その「欲しくないもの」を「受け入れる」覚悟をした瞬間に、欲しいものが手に入るということなのです。

理屈は理解できたからといって、すぐには納得いかないのも当然ですよね。

いままでイヤだからこそ、避けてきた。

なのに、それを受け入れましょう、それをやりましょう、と言われても、そう簡単にはできないのもわかります。

また、「受け入れる」ってどういうことなのかも、まだピンとこないと思います。

僕の例で言うと――

▲人に仕事を頼むのがイヤ
→　人に仕事を頼んでみた。つまり、自分が「できない」という弱みを見せた。

▲他人を認めたくない
→　自分が嫉妬してるということを、本人に告白してみた。

▲誤解されることがイヤ
→　誤解されたことを理解してもらおうとせず、誤解されたままにしてみた。

▲根掘り葉掘り聞かれるのはイヤ
↓　自分の失敗や恥ずかしいことを人に話すようにしてみた。
▲大したことがない、と言われるのがイヤ
↓　「じつは大したことないんです」「すごいと思われたいんです」と告白してみた。

という感じです。

いかがでしょうか。

「簡単じゃないですか」と言われる方もおられるかもしれませんし、「なんだ、大したことないじゃないか」と感じるかもしれませんね。

でもこれは、僕にとってはいちばんの「欲しくないもの」を受けとった、瞬間でした。

そう、「受けとる」とは、簡単に言うと、その「イヤがっていること」を自分でやってみる。

そのまま、受け入れて「そうなんです」と告白してみることから始まるのです。

さあ、あなたが先ほど書かれた、▲の項目の「受けとる」を、やってみませんか？

そうすることで、その対極の●が手に入るのです。

第2章

「損する」ことを自分に許してみる

1 「損したくない」と意固地になっている自分に気づく

まず、「欲しくないもの」を受けとるステップです。

「欲しいもの」と「欲しくないもの」の対極の関係性を、さらに噛み砕きながら、一つひとつ確認していきましょう。

出会いがないという人は、別れを拒否したりしています。別の言い方をすると、別れることを怖れているのです。

好かれたいけど好かれない人は、嫌われることを怖がっています。

成功したいけど成功が手に入らない人もいると思います。どうして成功が手に入らないか。その答えも、「対極」の関係性で考えると簡単なんです。

その人はきっと、失敗を怖がっているから成功が手に入っていないんです。

起業したいけどできない人は廃業のつらさ、かっこ悪さを怖がってる。

認められたいという気持ちがあるのに、認めてもらえない、ということも「対極」で説明できます。

社会人として会社や上司から認められたい。母親や妻として家族から認められたい。いい子として親から認められたい。素敵な異性として恋人から認められたい。人間は誰だって、自分の大事な人には認められたいと感じます。

しかし、認められたいけど認められていない人は、相手からの文句や、悪口、否定されることをイヤがっています。つまり「いいところ」だけを見せたい。

薬で効果を得たくとも、副作用を怖がっていると、それは手に入りません。どんな薬にも副作用があります。

どんな安全も危険を知ってこそ得られるものですし、どんな利益も損失（投資）というリスクがない限り得られることはありません。

喜びを感じられない人は、悲しみを感じようとしないことがあります。

多くの人は、知らず知らずのうちにマイナスの要素を拒否しています。誰だって「損」なんかしたくありません。「イヤな気分」はイヤです。

しかし、「対極」はいつもふたつでひとつです。

マイナスを拒否すると、裏にあるプラスは手許に残りません。

② 「どちらもあり得る」とあきらめる

片方を欲しがると、もう片方も手に入らない。片方だけ欲しがるから、両方とも手に入らないのです。

これをまずは知っておいてください。

では、どうすればいいのでしょうか?

たとえば、出会いが欲しいという人は、「対極」にある、いつか別れがくることを、覚悟する、というのが答えです。結婚をすると不自由もついてきます。

要するに、まずは裏側がついてくることをあきらめないとしかたがありません、ということなんです。

つらい別れや一人になる寂しさを覚悟することなしに、出会いに手は届きません。

人から好かれたい人は、最初に、嫌われることを覚悟しなければならないんです。

好かれようとすればするほど、自分のない人になって、人は嫌われるものです。

「損すること」を自分に許す。

それは、「好かれる」ことも「嫌われること」も、「どちらもあり得る」と、あきらめるということなのです。

3 「損したくない」から、「損してもいい」になる

損と得。

これは、いちばんわかりやすい「対極」の関係でしょう。

「損したくない」と思えば思うほど、得が手に入りません。逆に、「損してもいい」と思うと、得がやってきます。

その「得したい」という気持ちは「損したくない」という気持ちと同じですから、

さらにこんな「対極」の関係性もあらわすことができます。
得したいと思えば思うほど、損をする。
成功しようとすればするほど、失敗をする。
損してもいいからと、楽しむお金持ちのギャンブルは勝つ。

先ほどからくり返しとりあげているこの関係が、すっと腑に落ちる人と、そうではない人がいるかもしれません。

でも、あなたが欲しいものを手に入れたいのであれば、その対極の欲しくないものをいったん受けとってみること。

反対側のこと、つまり、損することを自分に許可してください。

「損したくない」をやめて、「損をしてもいい」と思うこと。

欲しくないと思っているものを悪者扱いをしないで、ああそうなんだなぁって、まずは素直に受けとってください。

そうすることによって、欲しいものがやってくる、というわけなんです。

第3章

拒んでいた「損」をどんどんしてみよう

1 あなたが拒否し続けてきたものは何？

自分にとって損にあたることをすると得が手に入る。その「対極」の関係は、このようにも表現できます。

自分を好きになりたいと思うなら、「イヤなやつ」を受け入れてみる。

ちょっと違うようだけれども、これもじつは「対極」になっています。

なぜなら、自分の好きな人は、自分の性格の好きな部分を、嫌いな人は自分の嫌いな部分を、そのまま反映しているからです。

つまり、自分と自分のまわりにいる好きな人、嫌いな人との関係は、自分と鏡の関係なんです。

自分のまわりの人ということでいえば、親との関係で悩んでいる人も多いようです。

自分を好きになりたいなら、親を好きになればいい。（でもできないから苦しい。）

これもしっかりとした「対極」になっています。

なぜなら、自分は親からできています。自分の存在、考え方、心の持ちよう……あなた自身は親からできています。

親と自分の関係は鏡というよりも、あなたの素材そのものといった方がいいでしょう。自分は自分に違いありませんが、そんな自分の素材（DNA）が親である事実はひっくり返せないものです。

素材をイヤがるとろくなケーキはできあがりません。

もう一歩ふみこみましょう。

親が心配ばかりしてきてうっとうしいなぁと感じている人は、いつまでたっても信頼を得ることはできません。

信頼されたいのであれば、まずはその心配を受けとりましょう、ということですね。

「対極」がわからないとき、つまり、受けとるべきものがわからないときは、自分が何を拒否しているかを考えるとわかりやすいかもしれません。

たとえば、自分の意見を通したい人。この場合、拒否しているものは異論です。

でも、自分の意見を通そうとする人には、反対意見が押し寄せてきます。

正論ばかり言う人にも、異論が集まります。

だからまずは異論や反対意見を受けとることが、自分の意見を生かす方法なんです。


仕事ができる人間になろうとしてもなかなか自分の能力が上がらない。

もしそんな人がいたら、これまで、「できない自分」を否定していなかったか。

ちょっと振り返ってみてください。

そんな自分にコンプレックスがあって、イヤだイヤだという思いが強いと、仕事への集中力は下がり、モチベーションの低下にもつながります。

そして「仕事ができない人」がまわりに集まってしまう。やがて、どんどん自分だけが「一人でがんばる」ということになってしまうのです。

努力を嫌えば、努力しないといけないことがやってきます。


お金に関しても同じことが言えますよ。

貧乏を嫌えば嫌うほど、貧乏はやってきます。自分がケチになればなるほど、もらうことができなくなる。お金を出すことを拒否すると、お金は入らなくなりますし、回ってこなくなります。それだけじゃなく、サイフを落としてみたり。

すべてがそうなんですね。

すべてのマイナスの拒否は、マイナスを引き寄せることにつながっています。

2
「悪いもの」を手にする覚悟を決める

人は、いいものだけを受けとろうとするんです。僕もそうです。

いいものは受けとる。

でも、いい方を受けとろうとしたら、絶対にその逆がついてきます。それは悪いものです。実際に悪いものだけではありません。悪い予感や、悪いことが起こる可能性なども含みます。

そういった悪いものを嫌うばかりに、いい面も手放してしまう。いいものはいつまでも手に入らない。
そのことは、すでに理解していただいた通りです。

結局、必要なことは何でしょうか？
ひと言で言ってしまえば、
「悪いものも手にしていいよ」という考え方への変更です。
「悪いものはイヤだ」と思うことをやめることです。
「どんどん損しよう！」
そう思うことです。

自分の中にある「対極」に気づいたら、イヤがってきた方、悪いものを、自ら手に入れてしまってください。それは、「しかたないものとする」と言ってもいいでしょう。もっとわかりやすく、強めの言葉で言ってしまうなら、
「悪いものを手にする覚悟をする」ということです。

3 自ら「悪いもの」を手に入れる方法

「悪いものを手にする覚悟をする」ことができそうですか？

では、具体的に、こんなことを試してみてください。

自信を手に入れたいなら、自分が傲慢になることを受けとります。

傲慢であることを自分に許すには、ある意味、覚悟を決める必要があります。

自分が可愛くなりたかったら、ぶりっ子になることを許す。

自分が愛に満たされたかったら、一万人から誕生日おめでとうと言ってもらってもニッコリと受けとる。そのくらいの愛を受けとる覚悟をします。


片づけがうまくできない人もいます。片づけられない自分を嫌っている人の多くは、ものが自分のそばにいつまでもあって欲しいと願っています。

「片づける（収納）」の対極にあるのは「捨てる」です。

この場合、受けとるべきは「捨てて損をする」という覚悟です。

受けとるということをだんだん理解していただけたでしょうか？

つまりそれは、「損していい」という覚悟をすることなんです。

受けとるというのは、いいものが欲しいのなら、いいものと悪いものをセットで受けとってくださいということなのです。

4 排除すればするほど近づいてくるもの

真逆のものを受けとらない以上、欲しいものはずーっと手に入りません。

手にしやすかったり、わかりやすい成功を求めれば求めるほど、その内側にある根本的な失敗が暴れだす。

こんなふうに全部、対極になっています。

もう一度整理しておきましょう。

ここの部分、頭に叩き込んでください。

悪いものはいらなくて、いいものだけ欲しい。それは無理なんです。

いいものだけが欲しいと願って、悪いものを排除して、排除して、排除して、排除する。

そうやって排除すればするほど、排除したものすべてを受けとってしまうまで、悪いものはやってきてしまいます。

あなたが受けとるまでかならずつきまとう。ずっとそこにやってきます。

悪いものをイヤがるから、悪いものがやってくる。

手を変え、品を変え、あらゆる方法で悪いものは近づいてきます。

時には人に乗り移り、時には好きなものとセットで、じつにさまざまな方法で、ずーっとあなたのまわりから離れようとはしません。

どうすればそれが終わるのか？

イヤがることをやめてしまえば、悪いものはなくなります。

排除しようとするのをやめれば、排除できてしまうんです。

そして、欲しかったものを手に入れることができます。

5 無意識の「拒否」を、捨て去る

「対極」の例を、ここまでにいくつか紹介してきました。

そこでつかめたものや、気づきが、あなたにあったかと思います。

では、もう一度あらためて、初めに書き出していただいた「欲しいもの」と「欲しくないもの」のリストを見比べてください。

そして、欲しいのに手に入らないのは、自分が何を拒否しているからだろうか？

と、考えてみてください。


「対極」には、無意識のものもあります。

意識せず、いつのまにかに、当り前のこととして拒否しているものがあるはずです。

貧乏、失敗、損すること、クレーム。

醜いこと、蔑まれること、嫌われること、ネガティブな言葉やグチ。

ウソ、傷つくこと、孤独になること。

これを拒否することは当然だといつのまにかに思い込んでいませんか？

その思い込みばかりが優先されて、本来の欲しいものまで捨ててしまっていませんか？

そういった「当然、拒否すべき」と思い続けてきたことも、今回すべて覚悟を決めて受けとってしまいませんか、ということです。


もっとも、受けとりにくい「対極」を受けとらなくてはいけないからこそ、受けとることに覚悟が必要になるのです。

しかし、そこはもうしかたがないとあきらめて、欲しいもののためには半分開き直ったような気持ちで、欲しくないものを受けとってください。

貧乏、失敗、損すること、クレーム、怒られること。

醜いこと、蔑まれること、嫌われること。ネガティブな言葉やグチ。

ウソ、傷つくこと、孤独になること。

これらをすべて受けとるんです。

恐ろしい目、悲惨な目、悲しい目に遭ったり、悪く言われるかもしれない。

それが難しいと感じる人こそ、ぜひ、受けとる覚悟をしてみてください。

6 人生は、損したってかまわない

でも、すんなり実行できる人はけっして多くはありません。

「そうだな」と素直にのみこめる人も、そうはいないでしょう。

やっぱり、実際に損なことやイヤなことが目の前にあらわれれば、人は誰でもかまえてしまうものなんです。

心はすんなりそれを受けとることができず、なんとか拒否するもっともらしい方法を考えたり、人のせいにしたり、言い訳をしようとしたりします。

なので、いますぐここで「受けとる」ことを理解し、実行してくださいとは僕は言いません。

時間をかけて、少しずつ「受けとる」ことを受けとっていただきたいと思います。

僕は、考え方だけをあなたにお伝えします。

あとはあなたが、手に入っていないものに気づいたときに、「ひょっとしたら何かを拒否しているから手に入っていないのかもしれない」と、少し考えて欲しいのです。

日頃からそんなクセをつけていただきたい。

そして、拒否をやめて、受けとってみることにチャレンジしてみて欲しいのです。

拒否しないで受けとるということは、それをわざわざ手に入れるということではなく、ただそれを否定しないということです。

「そうなってもしょうがないか」

「損しちゃってもしかたないか」

そう思ってしまうこと。

何かにぶつかったときに、そんなふうに考えてみたり、自分の心にちょっと言い聞かせてみるだけでも、あなたの中の流れは変化していくはずです。

だから、僕はいつも言っています。

「損しよう」

このひと言に尽きるのです。

出会いがない人は別れを。出会いが悪い出会いであるかもしれないことも受けとる。成功したい人は失敗することを。失敗して恥をかくことや、家族に迷惑をかけることも大歓迎だと思えるくらいに覚悟をする。そして実際にやってみる。

そう思えるようになったら、結果として欲しいものが手に入ります。

損すること、傷つくことも大歓迎。心配されること、異論を唱えられること。できないやつが近くにいること、自分がケチであること。ネガティブな言葉やグチ。全部ウェルカム。よっしゃオッケー！

そんなふうに思い切れたら、そしてやってみると、反対側はもれなくついてくる。もれなく。

ワンセットなので、もれなくなんです。

第4章

悪口と
ほめ言葉を使った
レッスンをしよう

1 人から言われた、悪口のリストをつくる

ここまで、「受けとる」ことの基本的な考え方についてお伝えしました。

ここからは実際に、「受けとる」ことの実践を体験していただきたいと思います。

まずはそのための準備から始めましょう。


自分に向けられた言葉の中には、いい言葉ばかりではなくて、残念ながら「悪口」もあります。

笑って流せるちょっとした悪口から、いつまでも頭から離れないようなひどい悪口。程度や内容はさまざまでしょう。

否定的に言われたこと、拒絶して言われたこと、「間違っている」と指摘されたこと。誤解されたこと。

あなたが生まれてからいままでの間に、人から言われたさまざまな「悪口」があると思います。

それを思い出してください。
それを思い出してみて、「欲しいもの」「欲しくないもの」と同じように、あなたが人生の中で言われてきた悪口を箇条書きにしてリストをつくってください。

本当にブスだねぇ、可愛くないねぇとか。
その髪型、何なの？　とか、何着ても似合わないねぇとか。
太ってるねぇとか、どんくさいとか。
だっさー、くさいとか、あっち行ってとか。
勉強できないねぇとか、いっしょにいても楽しくないよ、とか。
頼りないねぇ、ほんとに何やらせてもダメだねぇとか……。

書いているとどんどん気分が沈んでくると思います。
イヤーな思い出がよみがえってくることでしょう。
でもさらに思い出してみてください。

上司から言われたこと。

会社の同僚から言われたこと。

友達から言われた、きついひと言。

もしくは、親や兄弟から言われたこと。

言われ続けてきたこと。

子どもの頃に先生から言われた言葉。

恋人から言われたひどい言葉や別れの言葉。

思いがけない誤解や、理解できない批判、根拠のない言いがかり。

根も葉もない噂。

さらには無言の悪口も。

イヤな目つきをされたとか、鼻で笑われたとか、無視をされたとか、
あなたが心の中で、「こう思ってるんじゃないかなぁ、私のことを悪く思ってるだろうなぁ……」というのも、悪口のひとつとして書き出してみてください。

でも、まあ、適当なところで止めておいてください。

落ち込まない程度にね。

●リストアップしてみてください。
人生で言われたことのある「悪口」

2 過去の悪口を、受けとってみる

これまで、「欲しいものを手に入れるには、欲しくないものを受けとること」だと、お伝えしてきました。

そこでいま書き出してもらった「悪口」です。

悪口というのは欲しくないものですよね？　逆に言うと、その悪口が気になる悪口であればあるほど、あなたはその逆を欲しがっている、ということなんです。

つまり、その悪口を拒絶しているから、欲しいものが手に入っていないということになります。

だから、人からの悪口を受けとることは、欲しいものを手に入れるためのかなり強力な手段となります。

それをふまえて、いま書き出した、悪口のリストを眺めてみてください。

そこに並べられた悪口を、いまあなたは受けとることができるでしょうか？

悪口を受けとるとは、つまり、

「そうなのよ、私ってじつはそうなのよね〜」

と、なんのこだわりもなく言えるということです。

……いかがですか？


これ、なかなかすんなりとは言えないものじゃないかと思います。

もしもすんなり言えるとしたら、その「対極」をすでに、ほんのちょっぴりとでも手にし始めているからかもしれません。

3　悪口を「受けとる」——僕の場合

悪口を受けとるって、かなり難しいことなんです。

実際に僕もそうでした。

僕はこれまでありがたいことに、一六冊の本を書かせていただきました。

しかし、本がある程度世の中に出始めるようになった頃、びっくりするくらいにいろんなことを言われるようになったんです。

いちばん顕著なのが本の通販サイトのレビュー。たとえばこんな感じ。

「残念としか言いようがない。タイトルにひかれて買っちゃいましたが、内容は残念のひと言です……」

これはまだやさしい方です。

こんなのもあります。

「過大評価され過ぎです」

「結局何もわからない」

「人に贈るには適していないと思います」

「これは読まない方がいい」

これらのレビューは、僕の本を実際に読んだ方々が書いてくれたことですし、純然たる感想ですから、僕としては「ありがとうございます。貴重なご意見として受けとらせていただきます」と言いたいところですが、でも、心から素直に言うには、正直、ちょっと時間がかかりました。

いまはちょっとスタンスが違いますが、以前の僕は人に「すごい！」って言ってもらえるような本を書きたいという気持ちが強かったんです。

つまり「すごい！」が、僕にとっての「欲しいもの」でした。

ましてや「残念です」なんて思われる本を書きたいと思うわけがありません。

しかし、僕の書いた本がいくらか受け入れられて、広く読んでいただけるようになると、それと同時に、批判的な意見がどんどん目につきだし、耳にも届くようになってきたんです。

もちろん一生懸命に書いた本ですから、最初はその一つひとつに、いらいらムカムカしていました。自分の本当の思いや意図をひとつずつ説明したいぐらいでした。

でも、書いていただいたいろんなレビューを読んだり、さらに本を書いていくうちに、あることに気がついたんです。

それは、「内容があまりに濃過ぎる本は、伝えたいことがうまく伝わらない」ということです。

世の中に広まる本というのは、ある意味、内容が濃過ぎない方がいいんです。驚くようなことばかりを書き連ねても、読む方は疲れてしまいますからね。

だからその中に、安心して読めるような部分も必要になってくる。

ひっかかることなく読めて、ああ、うんうんって思いながら読めることは「伝える」という目的には大事なことなんです。

あくまでも個人的な考えですが、そんな考えに至るようになってから、「濃過ぎない本」。言い換えれば「内容の薄い本」「わかりやすい本」というのが僕の中のひとつの目標になりました。

そして、あらためてレビューを眺めてみると、その中のあまり好意的ではない評価の多くは、結局のところ「濃さが足らない」ということを言っているんだと気がついたんです。

ということは、あの「残念です」なんていう評価も、冷静に受けとり、よく噛み砕いてみると、「濃さが足りなくて残念です」と言っているんだと気がつきました。

つまり、僕は失敗した、というよりもむしろ、目標を実現できていたんだと知ったわけです。

ひとまず受けとってみて、あらためて考えてみると、じつは自分の欲しいものが手に入っていたことに気づく。

そして、理解してもらおうとすることをやめたときから、理解してくれたレビューが増えてきたのです。

これこそが「受けとる」ということなんです。

4 人から言われた悪口はすべて「正しい」

レビューはすべて正しかったんです。

しかし、そうだとわかるまでには、それなりの時間がかかりました。

非好意的なレビューがつき始めた頃はなんだか腹も立つし、反論したくなる気持ちでいっぱいでした。

でも反論すればするほど、さらに正論みたいなものばかりが返ってくる。

これはいったいどういうことなんだろうか？　と、一つひとつをじっくり考えてみたりもしました。

そうやって必死に考えてはみたんですけど、そもそもこれって、考えてみたところで、どうすることもできないことなんですね。

なぜなら、レビューを書いたその人はそこでそう思ってしまったわけです。

その人の心をいまから変更することはできない。そう見えたものは、こちらからはどうすることもできない。

違う違うと一〇〇回言っても、すでにその人にはそう見えてしまった、という事実をなくすことはできない。

だからそれは、拒否も拒絶もしようのないことなんです。


考えてみたら、誤解も、悪口も、言いがかりも、すべてそうです。

それは相手の中で起きていることだから、それはもう、「ああそうか」って受けとる以外ありません。「この人にはこう見えたのか」とか、「世の中にはそう見る人もいるのか」とあきらめるのみなんです。悔しくてもね。

そこをあきらめずに、「そうじゃないそうじゃない」「私は悪くない悪くない」って

言えば言うほど、

「いいや、お前が悪い！」「言い訳するな」「正当化しようとして」

が、返ってくるだけです。

こっちの見え方と向こうの見え方がぶつかれば、こっちがぶつけたのと同じだけ向こうからもぶつけてきて当然です。

だからこそ、悪口は受けとる。無駄な抵抗はしない。

誤解もあきらめる。

「さようです。私が悪うございました」

と、こっちが受けとって、心の中でつぶやいておけばいいんです。

すると、向こうもこちらを受けとるのです。

これが鏡ですね。

いつも「自分が悪い」ですませている人は逆ですよ。

「私は悪くない！」「そう言われるのはイヤだ！」と、「モメる」ことを受けとるのです。

5 人から言われた悪口はすべて、五分と五分

さてここでもう一度、書き出してもらった悪口を眺めてください。

悪口を言った相手のことや、言われたときの状況を含めて、よく思い出しながら、見てください。

悪口はすべて、「相手にとってそう見えた」だけのことです。

それはあなたのせいかもしれないし、相手の心理状態のせいかもしれない。

どっちがいいとか悪いとかじゃない。それはもうお互いでつくりあげたものなので、五分と五分なんです。

だからその言葉を、素直に、「なるほど、そうですか」と受けとってみてください。

僕も最初は、レビューをふつうには読めませんでしたからね。すぐにすんなりというわけにはいかないかもしれません。

でも、いまとなったら平気で読めるんです。

「ああ、そうだなぁ、ありがたい意見だなぁ」

って、笑いながら読めてしまう自分がおもしろかったりもします。

6 人から言われた、ほめ言葉のリストをつくる

さて、これまで受けとることができなかった「悪口」。あなたは受けとることができたでしょうか。

なかなか難しいものだと思います。

それを受けとって、どう考えればいいのかわからなかったり、後ろ向きな感じがして受けとりにくかったり、そもそも意味がわからなかったりするかもしれません。

でもいまは、その受けとりにくさを確認していただければそれでけっこうです。

ここまではまだ準備段階。残り半分の準備もありますから、まずはそちらを片づけてしまいましょう。

では、もうひとつの準備。

ここで少し気分を変える意味も含めて、「悪口」の逆を考えていただきたいと思います。悪口の反対ですから、つまり、「ほめ言葉」です。


これまでの人生の中で、あなたにはほめられた経験があると思います。

かっこいいねぇ、可愛いねぇ。

頭のかたちがいいねぇ、髪の毛さらさらだねぇ。

すごく足が長いねぇ、スタイルいいねぇ、すらっとしてるねぇ。

体がやわらかそうだねぇ、肩が凝らなそうだねぇ……。

そうしたほめ言葉には、いろいろなものがあります。

言われてうれしいほめ言葉もあれば、なんだかピンと来なかったほめ言葉もある。

自分がそれを受けとった、受けとっていない。納得した、納得してないは別として、どんな言葉でほめられたか。ここで思い出してみてください。

そして、「悪口」と同じように、箇条書きのリストにしてください。


健康そうでいいねぇ、すごくおしゃれだねぇ、美人だねぇ……。

●リストアップしてみてください。
人生で言われたことのある「ほめ言葉」

とってもやさしいねぇ、よくガマンするねぇ、思いやりがあるねぇ……。

何でもできてすごいねぇ、頭いいねぇ、文章上手だねぇ……。

裾上げするとズボンの生地がいっぱい余っていいねぇとか。

これもほめ言葉だったのか？　というものも含めて、しっかりと思い出してみてください。そして、悪口のときと同じように、そのほめ言葉を受けとってみてください。

「あの人にはそう見えたんだ」

「そう見えたならもうしかたがない」

「じつは私ってそうなのよね〜」

ってね。

7 捨ててしまっていた、「いいところ」を拾う

じつは、人からの「ほめ言葉」もまた、受けとりにくいものなんです。

人からほめられたり、持ち上げられたり、評価の言葉をもらったりすると、

「いやいやいや、私なんて全然！」

と、思わず拒否してしまうでしょう？

思わずその場から立ち去りたくなってしまう。

なぜかというと、心がプラスの中にマイナスを感じてしまい、「怖れ」にすり替えてしまうからなんです。


ほめられた。（……でも、明日もほめられるかどうかわからない。）

ほめられた。（……でも、まだまだ努力が足りない。）

ほめられた。（……でも、まわりの人から嫉妬されるかもしれない。）

ほめられた。（……でも、本心では皮肉を言っているのかもしれない。）

ほめられた。（……でも、おべんちゃらやお世辞を真に受けたら恥ずかしい。）


あなたの心はこうやって、ほめ言葉をすぐに否定しようとします。

そうすることで未来に起こり得る不幸に備えようとしているんです。

でも、考えてみるとそれってあまりにももったいないことですね。

あなたがこれまでに人に言われた「ほめ言葉」をよく思い出して、受けとってみてください。

「ああ、自分ってそう見えるんだ、へえ～」でいいんです。

そうすることで、あなたが、これまで捨ててしまっていた自分のいいところを、あらためて拾うことができるんですから。

この章の最初では、「悪口」のリストをつくりました。そしてそれを「受けとって」いただきましたね。

しかし、受けとったはいいものの、次にどこに向かえばいいのかわからない、という人もいるかもしれません。

そもそも「受けとる」って何？　と思っているかもしれませんね。

ともかく、ここで「ほめ言葉」のリストをつくり終えたら準備は完了です。

「悪口」と「ほめ言葉」のリストを目の前に置いたら、いよいよ次の章で「受けとる」ことの実践をしていただきます。

第5章

あなたを変える「受けとる」の言葉体験

1 「受けとる」体験を、実際にしてみる

「悪口」と「ほめ言葉」。

受けとることはできたでしょうか？

まだですよね。

受けとる、とは別の言葉で言うと「認める」ということです。

心の中で、一つひとつその言葉をのみこむことができればいいんですが、なかなかゴクンとはいきませんよね。

それに、言葉を受けとったという感覚は、なかなか自分ではつかめません。

でも、悪口とほめ言葉を受けとることを、もうちょっと効率的に体験できる方法があるんです。

ここからが「受けとる」体験の本番です。

その方法を使えば、悪口もほめ言葉も受けとることができます。

受けとったあと、自分自身がワンランク、ツーランク、成長しているかもしれません。


そんな体験に進みたいと思います。

なかなか受けとることができないものがある。

でも、欲しいものをどうしても手に入れたい。

そのために、ぜひ次のことを試していただきたいのです。


セミナーだとこんなやり方をしています。

まず、「パートナー」を見つけてください。

あなたの親友や会社の同僚、夫あるいは妻。逆に、あなたの人生にあまり関係のない人でもかまいません。

あらかじめ言うと、たとえばあなたが言われてきた悪口をすべて人にさらしてしまうことになりますから、それをふまえて、相手を選んでください。

そして、誰かを見つけたらやることが四つあります。

まずは最初のステップから紹介してまいりましょう。
一人でもできるので安心してください。

2 悪口を自分の口から発表する——ステップ①

「これまでに言われた悪口を、相手に発表してください」

以前誰かから言われた悪口を、あなた自身が告白するように、相手に言ってみてください。

「じつは私、こんな人間なんです」

……いいですか？
フタをして隠さない。
五つあるはずの悪口を、四つにしないでください。
「これを言うのは、ちょっとよしておこう」ととばしたりするのは、なしです。
ここで大切なことは、悪口をひとつもとばさずに言うことです。

最大の効果を引き出すために、全部言って欲しいのです。

そして、できれば、パートナーにも悪口のリストをつくってもらって、お互いに「受けとる」体験をしてみてください。

どんな感情がわきあがってきたか確認しあうことができれば、さらにいいでしょう。


一人の場合でも、誰かや、みんなに向かっているイメージで、実際に声に出してつぶやいてみてください。

「じつは私って、こうなんです」「じつは私って暗いんです」「じつは私っておもしろくないんです」「役立たずなんです」と。

これまで納得できなかった悪口を、「それでいいんだ」という気持ちでしみじみ言ってみる。

もう、抵抗しない。拒否もしないし、拒絶もしない。隠しもしない。

だって、自分はずっとこうなんだからしかたない。

あきらめてください。

言葉にすることで、あーあ、しかたないなぁ……と、これまで受けとれなかったものがすっと心に届くんです。

その瞬間、心がふっと軽くなる……。

なんだか笑ってしまう。体が楽になる。

それが、受けとれた感覚です。


効果をより高めるためにはやはり誰か、自分以外の人に言ってみた方がいいですね。

言う前はものすごい抵抗があって、ヘンな汗が出るでしょう。

でも「言えた」ら、緊張がほぐれ、そして、心が軽くなる瞬間が訪れるんです。

拒否が終わった感覚。

それが、受けとるということなんです。


でも、あなたに体験して欲しいことはそれだけではありません。

拒否を終わらせるために、さらに、次のステップに進みましょう。

3 悪口を相手に再現してもらう――ステップ②

「これまでに言われた悪口を、相手から言ってもらってください」


以前言われた悪口を、相手に、自分に向かって言ってもらいます。

あなたは、相手が口に出してくれるあなたへの悪口を、理由もなしに、納得もなく、ただただ、「はい～、私ってそうなんです～」というかまえで、受けとってみてください。

かつて拒否していた悪口を、今回は、あきらめて受けとることを意識しながら聞くんです。

相手にはなるべく、イヤミたっぷりに、Sっ気たっぷりに、皮肉を込めて言ってもらうことが大事です。

悪意を込めて、余計に強い口調で口にしてもらった方が効果的です。

たとえばこんな感じです。

「○○さん（あなた）って、足が短いわね～」

「○○さんっておもしろくないよね」

「○○さんって本当は仕事できないよね」

すごくつらいですよね。でもガマンして受けとる。

そして、それに対して、

「ほんと最悪なんです～。すみません、こんなに足短くって」

と、答えてみてください。

すると、これまで何としてでも拒否しようとしてきたものが、そこで終わります。

足が短いから人にバカにされることや、ブサイクで嫌いだと思われることも、そこでけりがついてしまいます。

そして、足が短くてもかっこいいと感じてもらえることや、ブサイクでも人に愛されるということが、そこから始まるんです。

もしくは、すでにそれを手に入れている自分に気がつきます。

……いかがでしょうか？
まずはこのふたつのステップを試してみてください。

①自分の悪口を発表する。
②悪口を再現してもらう。

他人にはどうしても明かすことができないような「悪口」だったら？
また、パートナーがうまくみつからなかった場合は？

①自分の悪口を自分で口に出して言ってみる。
②悪口を録音して、その自分の声を聞く。

拒否を終わらせるつもりで。

そうやって聞くことで、その悪口に対するわだかまりが自然とほぐれてくることが体感できると思います。

4 悪口を「納得」できれば、スタートに立てる

セミナー会場では、こうしたやりとりを、偶然に居合わせた隣同士、初対面の人たちでやってもらいます。

初対面同士だから、言いにくいんじゃないか。とても口になんか出せやしないだろう、と思うかもしれませんね。

いいえ、かえってその場限りの関係だから、思い切って告白することができるんです。

①と②の、ふたつのステップを本気になってやれば、その場でぽろぽろと涙を流す人も出ます。

おそらく悪口を言われた当時の思い出がよみがえるのでしょう。

親にこう言われた。大好きだった人にこう言われた。

その内容を長い間、認められなくて拒否し続けてきたんです。その言葉に対しては、涙を流すことさえ拒絶していた。

でも、ようやくその認めたくなかった自分を受けとることができた。

安堵感からの涙かもしれません。


「あなたって可愛くないねぇ」

あなたが女性だったら、一度や二度、そんなふうに言われた経験があるでしょう。

もしくは、それに近い言葉を言われたことがあると思います。

とくに大切な人や親に言われると、その言葉はいつまでも心の中に残ります。

でも、そんな悪口をあらためて体験して、受けとって終わらせてみてください。


「あなたって可愛くないねぇ」

「そんなことないわ!!」「あなたに言われたくないわ!」

そうやって、その言葉を認めることができなかったらそのままなんです。

逆に、

「あー、可愛くないかー。私って人にはそう見えるのか」

と思えたら、素直な心になるんです。

逆にいつも「私って可愛くないのよ」と、予防線を張って自分を卑下している人にとってはなんでもないのかもしれません。

そんな人も〝他人〟からあらためて言われることで、自分の中にどんな気持ちがわきあがるのかを感じてみてください。

拒否したままってことは、その位置から一歩も動かないってことですからね。

拒否したままだと、その裏にある欲しいものも同時に拒否したままになっているのです。

5 誤解を受けとれば、理解につながる

「うん。そうだよ」

そうやって、悪口をすーっと手に入れてしまう。

すると、気がつけば、ほめ言葉が手の中にある。そんなものです。

あなたが悪口を受けとれば、ほめ言葉がどんどん集まってくる。やっぱりイヤだイヤだ、って逃げまわっていれば、ほめ言葉もあなたから逃げていくんです。イヤな人から逃げまわれば、好かれたい人も近寄ってこないのです。


時には、開き直ってください。

「フフフ、じつはそうなのよ、私。ごめんなさーい」

そうやって、誤解も、言いがかりも、どんな誹謗中傷もそのまま認めてしまう。

相手がそんなことを言いたくなった気持ち。それはそれです。

自分も、相手からはそう「見えた」。それだけのことです。

受けとって肯定してしまう。謝ってしまう。笑ってしまう。

誤解されたら、

「はい！」

そのひと言で誤解は終わりになります。

そこからはただ、理解が始まるんです。

わざわざ誤解を解こうとしちゃダメです。
解こうとすればするほど、「あの人は言い訳がましい」ってなる。
誤解はさらなる誤解を呼ぶ。
それは本当です。
誤解されたら誤解されておく。誤解さえも受けとってしまう。
とても苦しくて、そう簡単にはできない。
でもやってみる。
すると必ず「理解」がやってくるのです。
こんな関係性になっているんです。

これは僕の体験からしてもそうです。
僕も誤解されることは大嫌いでした。一生懸命、誤解を解こうと説明していました。
でも、あるときから「もういいや、誤解されておこう」って決めたんです。
するとどんなこともいつかは理解されることに気がつきました。

6　イヤと思うこと、かっこ悪い自分を受けとる

解けない誤解。

その例として、いちばんよく聞くシチュエーション。それは親子関係です。

親に「理解してもらえていない」と悩んでいる人が多いのです。

そのことが大人になっても癒えない、深い傷になってしまっているような人だっています。

でも、そんな人でも、ずいぶんたってから、じつは親は自分のことをきちんと理解してくれていた、と気づく場合があるんです。

その気づきは、親と離れて暮らして何十年たったある日だったり、歳とともに親が弱くなったことを見たとき、あるいは亡くなったあとに来るかもしれません。

また、子どもが理解してくれない、などの場合も同じです。

つまり、理解が始まるのは、すぐとは限らないんです。

一週間後、一ヶ月後。あるいは一年後、ひょっとしたら自分が死んだあとなのかもしれない。

でも、「誤解」を否定したら、つまり受けとらないと、誤解はいつまでたっても解けません。

否定しないでいれば、誤解はいつか自然になくなる。理解につながる。

結局、いつか絶対に誤解って解けるんです。

だから、時には潔く、時にはかっこよく、時には明るく素直に、悪口や誤解を受けとってください。

かっこ悪い自分を受け入れてしまえるかっこよさ、ですね。

悪口をそのまま認めてしまうのか、と、納得できない思いもあるでしょう。

でも、言い訳はしない。言い逃れもしない。

たとえひどい悪口を言われても、言い返すことなく黙っている。

そんな人には、「……でもあの人って、そうじゃないよねぇ」というほめ言葉が、別の場所から聞こえてくるものなんです。

だからあなたは悪口を山ほど言われてください。

誤解もたくさん受けて、それを、受けとりましょう。

そして、それが、どんどんほめ言葉に変わっていくのを体感してみてください。

7 ほめ言葉を、相手に再現してもらう——ステップ③

さて、ここからがステップの後半。

折り返しです。

ここまで、「悪口や誤解を受けとる」という体験をしていただきました。

次は、「ほめ言葉を受けとる」という体験をしていただきたいと思います。

ずいぶん気楽にできそうですよね？

じつは受けとりにくいのは悪口だけではないんです。以前の章ですでにふれましたが、ほめ言葉を素直に受けとるというのもなぜか難しいのです。

それではつくっていただいたほめ言葉のリストを元にして、次のことを試してみてください。

「リストに書いたほめ言葉を、相手から言ってもらってください」

つい先ほど、あなたに対して、イヤミな口調で悪口を言い放った相手から、今度はほめ言葉を言ってもらう。

わかっていても、ちょっとその相手を嫌いになっているかもしれませんね。

今度は、それを仲直りする感じで、相手にほめてもらう。

しかも少々盛り気味にしてもらってください。

「あなたって、本当に可愛いですよね～！」

「ほんと、仕事ができますよね～！」

そんなふうに、バンバンほめ言葉を言われていると、すぐに、こんな反応が起こることに気づくと思います。

「いやそんな、私なんて……」

そう、じつはほめ言葉って受けとりにくいんです。

ほめて欲しいと思っているにもかかわらず、実際にほめられるとそのまま受けとれない。

ヘンに照れてしまってあつくなったり、うたがってみたり、おかしな汗をかいたりしてしまう。

しまいには、「どうせだったら、ちょっとけなして欲しいんだけど」と思ったりしてしまうんです。

いかがですか？

ほめ言葉に対しても、知らず知らずのうちに拒否している。

そんな心の中の状況が、どんな人にもあるんです。

そこで、次はこうしてください。

相手が、あなたのリストから、もう一度かなり盛り気味のほめ言葉を連発してきます。

それに対して、あなたは、

「え？　そうですけど、何か？」

と、受けとってください。

「あなたって、本当に可愛いですよね～！」

「そうなんです～、ごめんなさいね～、可愛くって！」

「ほんと、お人形さんみたいですよね～！」

「ええ、女優とか、モデルとか。いつも間違われます～！」

これもまた、二人一組でペアになってやるんです。

お互いに、少々バカっぽく、遊びとしてでもいいから、ほめ言葉を全肯定して、受けとる練習をしてみてください。

8 ほめ言葉を自分の口から発表する——ステップ④

いかがでしたか？

何か笑えてきませんでしたか。

でもまだ、これだけでは完全にほめ言葉を受けとったことにはなりません。

最後のステップがあって、これで完全に「受けとり」が完成します。


「これまでに言われたほめ言葉を、相手に発表してください」


これで最後です。

リストに書き出したほめ言葉を、自己申告してください。

自分で口に出して言ってみて欲しいんです。

「私って、可愛いんです」

「じつは私、仕事ができるんです」

と、どんどん言葉にしてあらわしてください。

いかがでしょう。顔から火が出そうではないですか。

でもこれはとても大切なことです。

というのも、あなたは、「可愛くない」を嫌って捨てた結果、「可愛い」もいっしょに捨ててしまっていたからです。

悪口を言われたくない人は、じつはほめ言葉もどんどん捨てているんです。

つまり、ほめ言葉を受けとれないのは、悪口を受けとってこなかったから、なのです。

だからこそ、捨ててしまった言葉をもう一度拾ってみて、あらためて受けとりなおすことが必要なんです。

あなたは悪口を受けとらないこととひきかえに、ほめ言葉も拒否してきました。

悪口をさっき受けとったのですから、次は、捨ててしまったほめ言葉を、取り戻してみてください。

それを声に出してみてください。

9 人から言われたほめ言葉だって、すべて正しい

セミナーでは、偶然隣り合わせた方同士で、お互いのほめ言葉のリストを読み上げています。

その時間はもう、セミナー会場がピンク色に染まります。

それでいいんです。

悪口や誤解は相手からの正しい理解。だからそのまま受けとりましょう、と前の章に書きました。

だったら、ほめ言葉だってやっぱり正しい理解なんです。

ほめてくれた人には「そう見えた」のです。

自分へのほめ言葉を恥ずかしがっているのは、自分一人だったりします。

大げさに打ち消してみたり、受けとり方がわからなくてあわてたり。照れてしまってうやむやににごしてみたり。

でも、ほめている人からすれば、別に当たり前のことなのです。

むしろほめているのに、あなたが「そんなことない」なんて言うと、相手は悲しいのです。

10 相手に見えたものは、すべて受けとる

ほめ言葉は、時には悪口になることもあります。

あまりほめ過ぎるとイヤミになりますし、ほめられたつもりになっていたら、じつは皮肉を言われていた、という苦い経験のある方も多いでしょう。

そんな経験を一度でもしたら、ほめ言葉は受けとりにくくなりますよね。

猜疑心がよぎり、そのうち、最初から拒否しようとしてしまいます。

「あなたって何でもできそうですね、って言われるのが苦痛なんです」

そんな悩みを私に打ち明けた方がいました。

本当はがんばって、苦労しているのにわかってもらえない気がして悲しい、と。

でも、そうなってしまえばいいんですよ。

相手にとって、あなたは「何でもできそう」に見えているのですから。

それで、何でもはできなかったとしても、大丈夫なんです。

じつは、その言葉を受けとるだけでできるようになるのです。


「あなたは何も悩みがなさそうだね、って言われたのがすごくイヤでした」

悩みがないなんて最高じゃないですか。

「そんなことありません。悩みごとばかり。もう身動きとれないほど、ストレスがたまっているのに……」

なんて、言い返したくなるようですけど、そんなアピールをする必要もありませんよね。

「はい、おっしゃる通りです。私には悩みなんてございません」

「へえ、そう見えたんだ！」

と、受けとってしまえばいいこと。

「私、毎日、幸せなんです〜！」

それが本当に欲しいことなんだから。一切、何も、否定することはないんです。

「幸せだ」と言ってもいいんです。


拒否することに力を注いで、得るものもなく、失い続けるだけ。

もう、不幸なフリはしなくていいんです。

なんて、もったいないことでしょう。

11 人からよく見えたら、それはあなたのいいところ

ちょっと実践からは脱線するかもしれませんが、人間にはこんな性もあります。

これは僕のような関西人特有のことなんでしょうか？

ほめられたら逆に、自分を落そうとしてしまうんです。

先日、こんなことがありました。

僕は着るものにそれほど興味を持ったことがなかったんです。でも、あるデザインのジーンズが、どうしても欲しくなってしまいました。

意を決して、おしゃれな店に足を踏み入れました。落ち着かない気持ちで商品を見ているうちに、目当てのジーンズが陳列棚にあるのを見つけたんです。

しかし、気になることがひとつ。

それが、オランダのブランドのジーンズだということ。オランダ人向けだから、股下が長いはずだ。しかも自分は足が短いと思っていたので、裾上げすると、みっともないほど余るんじゃないか……。そんなことが心配だったんです。

欲しいジーンズの前まで、ようやくたどり着いた。

そんな恥でもかきたくないものはかきたくないんです。

でも……やっぱり欲しかったんです。

自分の中の葛藤を悟られまいとしつつ、試着を願い出ました。応対してくれたのは、若くてきれいな女性の店員さんです。

「何もこんな時に……」

と、思いながら試着室に入り込み、鏡を見ながら待望のジーンズをはいてみました。するとどうでしょう。驚いたことに、するするっと足がぴったりおさまる。無理に引っ張りあげたわけでもないのに余らなかったのです。

「足、長いですねぇ！」

そんなことを言われたのは人生初！でした。


シチュエーションといい、相手といい、内容といい、これまで経験したことがないほめ言葉が突然僕にふりかかりました。

なので、なかなかうまくは受けとれません。そして、悲しき関西人のリアクションが思わず出てしまったんです。

「いえいえ、おんなじくらい胴も長いんです」


素直に受けとるって本当に難しい。

「え、うそやろ？」

って思うくらい、意外な状況におかれて、びっくりするようなほめ言葉をもらうなんてこと、人間生きていればあるもんです。

そのとき、その人の口から出た言葉は、そのまま信じてしまっていいんです。

自分では悪いと思っていても、人からよく見えたら、それはあなたのいいところ。

その言葉、ぜひ信じてみてください。

12 自分はもっと素晴らしい人で、もっとひどい人です

悪口とほめ言葉を使った、「受けとり」の体験は以上で終りです。

いかがでしたか？

これは受けとるためのトレーニングです。

理屈ではわかったとしても、最初はなかなかうまく受けとれないはずです。

でも、つい拒否してしまいそうな言葉も、自分から言ってみる。

そうすることで、次第に冷静に受けとることができるようになってきます。

そうやってくり返しているうちに、受けとる力が自然に身につくはずです。


そのために、何度も何度も、ほめ言葉リストを眺めてください。何度も読んで、何度も声に出して、自分の心に、聞かせてやってください。

そんなふうに、悪口もほめ言葉も、受けとる練習を続けて欲しいんです。

以上、〝体験〟していただいたプロセスを後日、一人で、くり返してみてください。


日常の中で、人間の耳は「悪いところ」を避け、「いいところ」からも逃げようとします。

本当の自分を知ることが怖いのです。

怖いから、いつも通りの、そこそこの自分、「ふつうの人」でいようとしてしまうんですね。その方が安全だから。

でも、そこに留まっているのはもったいないことです。

じつは、あなたは、あなたが思っているよりもっとずーっと素晴らしい人なんです。

それをあきらめて、認めてしまってください。

そして、あなたは、あなたが思っているより、かなりひどい人なんです。

そこから逃げることはできません。

なのに、「ふつうの人のふり」ばかりして、そこから目をそむけているから、次に進めない。

逃げまわりながら世の中を渡る人は、いつまでたっても目的地に着けないのです。

僕は、このふたつを受けとったことで、「望んでいたもの」以上のものが入ってくるようになったのです。


拒否をやめることが成長への第一歩。

放っておいたら人も植物も変化、成長します。

それを止めないのが、「受けとる」ということなのです。

そのために、悪口とほめ言葉を受けとる練習を、何度も何度も自分で試してください。

いいも悪いも受けとる。

そして、何より自分の「素晴らしさ」を認めてみてください。

じつは、自分は素晴らしいのかも、です。

第*6*章

嫌いになった自分を
もう一度
好きになるには？

1 過去の自分を拒否しないこと

僕のカウンセリングやセミナーに来る人の多くが望んでいること。
それをひと言で表現するとしたら、「いまの自分から変わりたい」ということです。
もっと素晴らしくなりたい。
もっと楽になりたい。
もっと「できる」ようになりたい。
もっと勇気を持ちたい……。
具体的に欲しいもの、願いの中身は違えど、結局、「いまの自分から変わりたい」
ということを思ってやって来られます。
僕も、いろんなことで、変わりたいと願っていました。

でも、「いまの自分から変わりたい」人には、それを願えば願うほど、思えば思うほど、おちいってしまう思考パターンがあるんです。

それは、いまの自分を否定することで、未来の自分をつくろうとすることです。

過去の自分、いまの自分を拒否し、拒絶することからスタートして、未来の自分に希望を持とうとする。

でも、過去を否定すればするほど、望む未来は手に入りません。本当に欲しいものが、拒んだものといっしょに逃げていってしまうというのは、これまでくり返してきた通りです。

過去はダメな自分。

未来は「できる」自分。

これがうまくいかない思考パターンなんですね。ダメな自分を否定すればするほど、対極にある、できる自分も打ち消すことになる。

「私、仕事できないんです」

「私、ミスばっかりなんです」

「私、勇気ありません」

「私、仕事をまかせてもらえません」

そんな過去の自分を「ダメな自分」として否定してしまうから、仕事のできる自分も、ミスしない自分も、勇気のある自分も、信頼される自分も遠のいていくんです。

そこに気づいて欲しいんです。


何やっても叱られてばかり？

だったらまずは、ダメはダメで受けとる。だってダメなんですもの。それをダメじゃないようにしようとするから無理が出て苦しい。

じつはダメでも人は認めてくれるし、ダメでもここにいていい。

ダメでも人はちゃんと愛してくれるかも、ということを、一回信じてみてください。

ダメをダメだと言っているのは自分だけだったりするのです。


受けとりにくかった悪口もほめ言葉も、結局それは過去の自分なんです。

過去を受けとめることでしか未来に進むことはできません。

過去の自分も、いまの自分だって、けっこうがんばってる。そんな自分でいい。

そう信じてみてください。

過去の自分を受けとる。

いまでいい、と受けとる。

その積み重ねこそ未来なんです。

2 信頼なしには、何も受けとることはできない

過去を取り消そうとしたり、逃げようとすればするほど、あなたは過去にしがみついたままになってしまいます。

変わりようもないし、そもそも変えようのない過去に、逆の意味で「すがって」も、未来は何も変わりません。

本当に欲しいものを受けとりたいのは、いま、そして未来なんです。

そのためには自分で自分を自分を信頼すること。

と同時に、他人のことも信頼すること。

ダメでも愛される。ダメと言われたけど、愛してくれている。

そう、自分を信じてみる。

自分を信頼をすることなしに、ただ変わりたいと望んでも、変われないと悩んでも、結局は何も変わりません。

止まったままになってしまうんです。

3 誰だって短所と長所のワンセットでできている

人はそれぞれ自分の長所を持っています。

しかし、自分が長所だと思っているポイントは、もしかすると、他人には短所に見えているかもしれません。

たとえば、自分では「仕事ができる」と思い込んでいる人が、まわりからは「傲慢な人」だと思われていることって、どこの職場でもあることでしょう？

「性格がやさしい」と自任する人が、「優柔不断」と評価されたり、「細やかな気配り」のできる人が「神経質」と思われたり。

そんな例には事欠きません。

長所が短所だということは、逆に言えば、短所は長所でもある、ということです。

「自分が短所だと思っていることは、相手に長所に見えているかもしれない」ということなんです。


ものごとには全部、両面があります。

それを「手のひら」と「手の甲」にたとえると——

「私は気が短い。だから人には嫌われている」

もし、あなたがそう思っているとしたら、それは自分の手を目の前に出して「手の甲」をじーっと見ている状況です。

「手の甲」をあなたが見ているということは、まわりの人にはあなたの何が見えているでしょうか？

やってみればわかります。

「手の甲」があなたの目の前にあるなら、まわりの人にはあなたの「手のひら」が見えているということですよね。

ということは、あなたが「気が短い」と思っているとき、

「あの人ってすごく決断力があって、仕事が早い」

と、相手は思っているんです。

あなたがイライラして、すぐに不機嫌な顔になることを気にして、それを直そうと思っている一方、あなたのことを、とても行動力があって、何を思っているか隠すこともできないくらいの情熱家、そんなふうに思われているものなんです。


自分にとっての長所が相手には短所に見えていたり、自分には短所としか思えないことが、相手にとってはあなたらしさ、最大の長所だと思われているんです。

だから、これもやっぱり、あきらめてください。

短所は長所で、長所は短所。これもまた片方を変えたり、拒否したり、ないことにしたりすることはできないものなんです。


短所はそのままにして、長所だけを伸ばそうといわれますが、長所を伸ばすと短所

も伸びるのです。

どちらかだけ伸ばすっていうことはできません。

4 他人の長所短所は、本当の自分を知るための鏡になる

「対極」という関係の考え方は、いろいろな問題や悩みに当てはめることができると思います。

たとえば、長所は短所、短所は長所にもなると先ほど書きました。

自分のまわりにいる他人を眺めてみてください。

それぞれみんな、いいところと悪いところがあるでしょう。

その他人を眺めながら、みんなが言っている素晴らしいところを「あえて悪く言うと」どう言えるだろう？

こう考えてみるとおもしろいです。

「他人の短所を、あえてよく言ってみると？」

これはよくある問いですが、

「他人の長所を、あえて悪く言ってみると？」

というのを考えてみて欲しいのです。

「長所」というのも幻かもしれないのです。

つまりこう考えてみるんです。

たとえば、やさしい人を悪く言うと、八方美人とか優柔不断。

元気な人を悪く言うと、うるさい人、暑苦しい人。

仕事ができる人は悪く言うと、何でも自分で抱え込む人、など。


もちろん言葉遊びのような感覚で、あえて言ってみるだけです。

でも、そうやって目につくもののいいところを悪く言ってみてください。

そうすることで「バランス」がとれてくるのです。


そして、まわりの人、世の中、すべてのことは、裏と表の両面でできている。そのことを、いつでも意識化することができるようになります。

もちろん、自分のことだって、両面でとらえることができるようになるはずです。

あなたが何かを持っていたならば、その逆のものも必ず持っている、ということなんです。

5 他人の長所をあえて悪く考えてみると……

「あの人は、そういうところもあるけど、よく言えばこうだよね」

その場に居合わせていない仲間について、ちょっと批判がましい話が出たときです。

あえていい面を言ってフォローするようなことって、案外誰にでも経験があると思います。

これは、あなたの身近にすでにある、「対極」の両面のとらえ方なんです。

でも、逆に、前項の例にあげたような、人のいい面をあえて悪く言ってみた、という経験は少ないでしょう。

でも、本当は、こっちの方が「効果」は高いんです。

そうすることで、どんどん自分がわかる、ということなのです。

なぜなら、相手が持っている悪いところを、すでに自分も持っていることに気がついたり、相手が持っているいいところに少し似ているものを自分が持っていることを発見できるからです。

また「いい」「悪い」とすぐに自分の価値観で判断するクセに気づくためでもあります。

たとえば、シャープで、頭がきれそうな人がいるとしましょう。その人を悪く言うと、「計算高い」です。

でもよくよく考えてみると、その「計算高い」は、自分だって持っていることなんです。

とすると――

じつは自分も頭がいい人と似ている部分があるんじゃないか？　ってことに気がつくじゃないですか。

ということは、自分も別の人から見たら、十分「頭がきれそうな人」なんです。

自分が短所として受けとっているものは、他人には長所に見えている。

これはもうそのまま「法則」にしてもいいくらいのことです。

自分が自分で、「イヤだな」と思っているところ。それがじつは、「素敵だな」と思われているところでもある。

つまり、自分が表から見ているものを、他人は裏から見ているんです。

6 「両面」を意識することがバランスにつながる

自分には欠点があり、それをどれほど忌み嫌っていたとしても、どんなに上手に隠したつもりでも、それは常に他人から見られています。

たとえば、あなたには「片づけられない」という欠点がある。

でもそれを裏から見たら、「物持ちがいい」ということになります。

または、どんなにものが散らかっていても、どこに何があるかがわかる、把握しておぼえる能力がある。大らかと思われているかもしれませんね。

つまり、ものごとをよし悪しのどちらかで割り切ってしまう必要はないんです。いいのか？　悪いのか？　どちらかで見るのではない。


自分には両方ある。

他人にも両方ある。

すると、そこで初めて、いいものと悪いもののバランスがとれる。

悪いものを排除しようとしない。

排除していたものを自分の元に引き戻す。

そうすることによって、結果としていちばん欲しくてたまらなかったものが手に入るんです。


そう言われても、まだなかなか納得できないですよね……。

そうなら、裏から見直して、「いい味」にしてのみこんでしまう。そんな受けとりの方法もぜひ活用してください。


たとえば、先ほどふれた、僕の本についてのレビューもしかり。

そこには残念な本だと書いてありました。

でも、残念な本という言葉を裏から見ると、物足りなさはあるけれど小難しくなくてわかりやすい本、ということにもなります。

もしそれが広く読まれるために必要な要素だとすれば、それは僕が最初から求めていたことでしたから。

うつっぽい人は読まない方がいいというレビューもありました。それを裏から見たら、うつっぽくない人が読めばきっと元気になる。そんなとらえ方も可能です。

だからと言って、悪い意味を拒否しているわけじゃないんです。

内容が残念だ、と言われればそれも確かなのでしょう。がんばります。

うつっぽい人が読んであまり得しない、ということは間違っていないだろうと受けとる。

それはそれで受けとって、のみこんでしまうんです。

第7章

なくした自信を
もう一度
取り戻すには？

1 古いものを捨てないと、新しいものが入らない

この章のテーマは、自信を持つことです。

自信がなくなりかけたとき、どうしたらいいか。そんなヒントを集めてみました。

さて、ここまで「悪口」と「ほめ言葉」を受けとる練習をしていただきました。

素敵な体験はありましたか？

そう簡単には受け入れられないと思います。

でも、いまはうまくいかなかったことの方が重要かもしれません。

理由もなく悪口を受けとろうとしても受けとれない。

納得もなくほめ言葉を受けとろうとしても心は拒否してしまう。

ようやくそれを受けとってみても、翌日にはそんな気持ちがまたぶり返してしまうのもふつうのことです。

言葉がどうしても心の中に入っていってくれなかった。

それはなぜかというと、心の中に「いままで信じてきた古い考え方」が、残っているからなんです。それを信じていることがわかったのです。

古い言葉、古い考え方を捨てて、心の中に新しいスペースをつくらない限り、何かを受けとっても置き場所がない。

だから心にまで届かないんです。


結局のところ、受けとる、ということは、かわりの何かを捨てる、ということなのです。


「損すると不幸になる」

「がんばらないと嫌われる」

「イヤなやつになると嫌われる」

「失敗は恥ずかしいこと、ダメなこと」

そういった古い価値観、「いままで信じてきたこと」を捨てることで、新しい価値観が心にようやく届く。

そして、あなたの日常に響き始めるんです。


古い言葉、古い考え方、信じていることって、その多くは親からもらったものです。

それを捨ててしまって、新しい自分の気持ちを受けとるのです。

それが「自立」です。

いままで大切に守ってきた親の考え方、教え、教育されたことをいったん捨てて、自分の気持ちを見つけていくのです。


損したっていいや。嫌われても大丈夫。いい人じゃなくてもいい。失敗してもかまわない。

捨てたから、新しいものが手に入る。

新しい自分が始まり、止まっていたものが動きだすんです。

何かを捨てるから、何かを受けとることができる。

何かを受けとりたいなら、何かを捨てなければならないんですね。

2 「両方」の可能性を、自分に先に渡す

僕は講演会やセミナーで人前に立って話す機会がよくあります。

でも、僕は人前に立つときにはあまり緊張しません。

それは、事前に「悪いもの」を受けとってしまうからです。

たとえば、セミナーの最中にかみまくる、すべる、から始まり、みんなつまらなそうにしてもいい。みんな寝てしまって、そのうち一人、二人と出て行ってもいい。最後には誰もいなくなってもいい……と、最悪の状況を先にいっぱいイメージして受けとるのです。

すると、実際にそうなったとしても、受けとり終わっているから、想定内で平気なわけです。

だから緊張しない。

そうやって悪い結果を、先に自分で受けとっておくこと。

すると、結果として、セミナーではドッカンドッカンとうけるワケです（笑）。

セミナーがうまくいっている様子をイメージすることも大切ですが、失敗することを怖れて、不安を押し殺したまま成功をイメージしても、不安は残ったままです。

だったら先にイメージの中で「失敗」を終わらせてしまえばいいのです。

こんなのもひとつの「受けとる」ですよね。

3 キリが悪い「いま」こそ、スタートのとき

決断をすること。

それは何かを断つ、捨てることです。

それはなかなか難しいものです。失うって、怖いものです。

僕もいままでたくさんの決断をしてきました。前向きな決断もあれば、後ろ向きな決断もある。

妥協するか。人に任せるか。それとも自分の勇気を試してみるか。

……いや、いま決断をするのはやめておこう、というような決断だってあります。

そんな僕がこれまで心掛けてきた決断の方法があるんです。

それは、「キリが悪いところで始める、やめる」ということなんです。

タバコをやめるときも、新しい仕事を始めるときも、絶対に、何かのタイミングに合わせない。合わせようなんて考えない。

あえて、キリの悪いときにやるんです。

一〇〇万円ためてから起業しよう。いまの仕事を先に一段落させよう。子育てが終わったらセミナーに行こう。休みがとれたら遊びに行こう。この一箱でタバコをやめよう。ボーナスもらってから辞めよう。決算が来てから辞めよう……。

こんなタイミングの合わせ方ではなかなか踏み切れない。

そんなキリのいいタイミングを自分ではかっても、結局、そのキリはやって来ないんです。

一〇〇万円はなかなかたまらないし、「いまの仕事」はなかなか落ち着きません。

子どものことはいつまでたっても心配ですよ。次の休みは結局寝てしまう……。

そんな結果、じつは目に見えていると思います。

やっぱり、何かを「思い立つ瞬間」というのは、何かの真っ最中だからこそやって来るものなんです。

いちばんいいタイミングとは、必ずキリの悪いとき。

「えっ！　いまっ⁉」というときにタイミングはやってきます。

それはつまり、いちばん苦しかったり、忙しかったりするとき。

逆にいちばん充実している時にも。

そんなときだからこそ、ふだんでは思いつかないことがひらめくんです。

それは「さあ、いまこれをするんだ！」という神様のサインです。

思いついたときにやる、思いついたらすぐに。

これが、僕の決断の法則なんです。

4 内向きの関心を捨てて、傲慢になってみる

自信を持つためには、強いものを身につけたり、何かを成し遂げたりしないといけないんじゃないか、って思っていませんか。

もちろんそれもOKですが、でも、それはぼくの方法では考え方が逆です。

不安、失敗、力不足。

先にあなたの中の弱い部分を受けとることがいちばん大切なんです。

不安でもいい。失敗も当たり前。力不足も当たり前。それを受け入れることが、自信への第一歩なのです。

なぜなら、自信がないということは、「自分の弱さを拒否」している状態だから。

だから逆に、弱い部分こそ、先に受けとることが必要なんです。

そして、もうひとつ。

弱い部分だけじゃなくて、「傲慢」な自分というマイナスも、受けとって欲しいん

です。

傲慢を受けとって、傲慢になってしまってください。

自分は傲慢でいい。傲慢になって人に嫌われてもいい。

あなたのまわりに自信家っているでしょう？

まわりにいなければ、タレントの誰それ、著名人、歴史上の人物など、自信家というとどんな人をイメージしますか？

自信家とは、いつでも自信満々に世の中をすいすい渡り歩いている人です。いい意味で厚顔無恥。マイペースで、強引で、人の顔色なんてちっとも気にしない存在。

自信にあふれた人を人生の目標にし、好み、そうして自分の人生を切り拓いていこうと考えています。

そういう人たちが傲慢に「見える」のは、その人たちが傲慢なのではなく、自分が卑屈、つまり勝手に自分を下げてしまっているからなのです。

逆に、いつまでたっても自分に自信を持てない人もいます。

もう実績だってあるんだし、もっともっと自信を持ったっていいのになぁって人、まわりにいませんか？

その人はなぜ、自信を持てないか。

それは、自信を持つことに、怖れを感じているからなんです。

自信が崩れるのが怖い。失敗して自信を失うのが怖い。口ほどでもない、と人に思われるのが怖い。

そういった怖れが先に立っている状態なんですね。

そして、自信が勝ち過ぎて、傲慢だと思われることすら怖れの対象になってしまっている。

それは「そうするな」と言われてきたから。「いけない」と言われてきたから。

その意味では、自信の反対の究極が「傲慢」なんです。

だから、自信を持ちたいと思ったら、自分が傲慢になることを受けとってみる。

それが特効薬になるんです。

傲慢を受けとっても、あなたは絶対に傲慢にはなりません。

強過ぎた怖れが中和されて、プラスマイナスゼロになるだけ。

だから、もしあなたが自信を欲しいなら、安心して、どんどん傲慢になってください。

一度、傲慢にふるまってみるだけでも、心は何かを感じとってくれると思いますよ。

傲慢にひたりながら、「自信を持ってもいいんだ」と、自分を感じてみてください。

5 「失敗」こそ、怖れを怖れでなくす方法

自信が持てない。

それは、心が怖れを抱えているからだ、と書きました。

とはいえ、そうはいっても、いまいち自信が持てないときがある……。

そんな悩みは誰だって同じです。

仕事でうっかりして、誰かに迷惑をかけてしまった。人前で失敗してひどく恥をかいた。好きな人に気に入ってもらえなかった。

そんなことばかりが気にかかって、実際にはまだ起きてもいないことにおどされて、ビクビクおびえているんです。

だからなおさら、なんだかうまくいかない。

よくおぼえておいてください。

怖がって、なんとかしようとして始めたことは、結果として恐怖を大きくします。

そして、ろくなことにはならないんです。

自分が自分を信じられていないのです。

自分は、迷惑をかけたり、失敗したりしたら嫌われる、ということを信じてしまっているのです。


じゃあ、どうすればいいのか。

たとえば、夜になって台風が直撃することがわかりました。明朝、どうも電車が止まりそうな雲行きです。

でも、明日はどうしても遅刻できない。朝いちばんに大事な仕事がある。

時間通り、きちんと行けるだろうか？

そう思うと、だんだん気持ちが焦ってきます。

早く出られるように準備しなきゃ。いざというときのために、ちゃんと連絡先を考えておかないと。

遅れるにしても、少しでも早くたどりつけるようなルートはないだろうか。いや、同僚は遅れないように車で来るかも。

私より家が遠い人が時間を守っていたら、私は……。

そんなふうに心は怖れを積み重ねていくんです。

でもこれ、全部、心が勝手に言い始めた、根も葉もないことでしょう?

その怖れの未来は、でっち上げの未来でしかありません。


だからいいんです。

台風が来ようと、自然にふるまっていれば。

あなたがどんなに苦心して、努力したとしても、実際の結果はそう変わりません。

おそらく、会社に着いたところで、「大変だったね〜」で、終了ですから。

あなたの心はそれでもなお、あわてふためき、焦ったりする。

「すみません、すみません、迷惑かけた分、ちゃんと取り返しますから」なんて言って、食事もとらず仕事しようとするけど、そんなことは誰一人望んでいないし、そんな努力に気がつきもしない。

まさかこんなことで、そこまであわてているなんて思いもよらないから。

そうやって勝手にがんばって、報われずに「こんなにやったのに」と、グチになるのがオチです。

心は、まだ起きていない失敗を過剰に怖れます。

でも、一度でも起こってしまえば、それは怖れるほどのことではない、ということに気がつきます。

そんなことをくり返して、心はやっと考え方を変えてくれる。無意識のうちに抱え込んでいた怖れだって、薄れてきます。

そのためにも、先に「動いてみる」ことが大切なんです。「大丈夫」を体験してしまうこと。

そういう体験をして初めて、自分は迷惑をかけても嫌われない、見捨てられないのだと信じることにつながっていくのです。

6 自分を抑え過ぎてきたなら、いまは悪い人になる

しんどいのに笑っていたり、自分は間違っていないのに、人の代わりに頭を下げたり。

まわりにもそんな「いい人」っていますよね。

もしかしたら、あなたがそうかもしれません。

自分が言いたいことはのみこんで、やりたいこともガマンして、いつも誰かの犠牲になっている。それなのに「ありがとう。みんなに感謝」ってニコニコしている。

いつも自分を殺している、いい人。

その方が傷つかなくてラクなのです。

でも、自分を殺し続けているうち、絶対にどこかで無理が出ます。

だから、「いい人」をやめてみるのです。

とはいえ、「いい人をやめよう」と言っても、「どうしたらいいかわからない」とよく言われます。

「いい人」をやめるということは「悪いやつになる」ということです。

自分の気持ちを殺すということは片面ではやさしいともいえます。

でも逆から言えば、「人に嫌われたくない」と思った結果です。イヤな自分をさらしたくないんですよ。

いい人でいることで、そうした怖れを回避し、ほかの誰かが笑顔になったかもしれません。

でもこれを続けていると、心の中に「悪いもの」がたまっていってしまいます。うつっぽくなったり。

だから悪いやつになる。「悪い」、を受けとるのです。

マイナス発言を言い散らしたり、間違っていても知らんぷりして謝らなかったり、言いたい放題にいろいろと言って困らせたり、面倒を人に押しつけて自分はやりたいようにやったりする。

心の中にいる「悪い自分」を受けとってみてください。

逆に、ふだんから、あんまり「いい人」にはなれない人もいます。悪くふるまってしまう人もいるでしょう。

そんな人は、たまに自分の中の「いい人」を受けとりましょう。

あなたはいつも無愛想で、不器用で、人にうまく表現できなくて、いいことをしているのに誤解されてしまう人かもしれません。

でもたまにふだん通りじゃない自分を演じるつもりで、めちゃくちゃ笑顔で、「ありがとう〜！」とか言ってみてください。

「いい人」でいるといろんな損をします。

押しつけられたり抜かされたり。

でもそういうのを一度受けとってみる。

いつもと逆の自分をたまにやってみると、バランスをとるのがうまくなるんです。

心のストレッチみたいなものです。

凝り固まった部分を伸ばしたり、逆に向けたりしてほぐす効果があるんです。

マイナス側に偏っていた意識を、パキッと折るようにプラス側に戻す。

プラス側の意識を、マイナス側に極端に戻してみる。

すると、プラスとマイナスでゼロになる。

ゼロっていうのは、心にとって「ちょうどいい」ってことなんです。

7 何でも「解決しよう」なんて思わない

ムシャクシャ、イライラしてくると、ついついグチやため息をもらしてしまいます。

あなたがまわりの人のそんな状態に気づけば、ああ、これは何か問題を解決しないとダメじゃないか。

そんな気持ちになるのは当然のことかもしれません。

でも、イラつきも、グチも、ため息も、「解決」する必要なんてないんです。

たとえば、帰宅した夫が「あれ、どうしてこのカバンがここにあるんだ？」と、妻に向かって口にしたとしましょう。

するとと妻はとっさに、「いま片づけるわよっ！」と、不機嫌な声で言い返す。

あなたにも心当たりがあるような場面かもしれません。

夫にしてみたら、ただ目についたから、何気なくその言葉が口から出ただけでした。

でも妻にしてみたら、片づけができていないことを「責められている気」になってしまったわけです。


夫は別に妻に答えを求めるつもりもなかった。

ひと言を言い終えた時点で、夫はもう「解決」していたんです。

でも、別の心がそれを聞くと、そこから責めを感じとってしまう。余計な解決をしてしまおうとする。

でも、解決なんてそもそも求められていなかったわけなんです。


子どもがぐずる。

誰かが怒っている。

それを見ても、解決を求められるまでは問題視しない。

解決しようとせず、「ああ、そうなんだ」と受けとって終わりにする。

相手にもぐずる権利や、怒る権利がある。

それをあなたが「いらない」「見たくない」と返そうとするから、相手はそれを「受けとって！」と、さらに大きくするわけです。

問題だと感じる出来事でも、よく見て、「ああ、そうなんだ」と受けとって、そこでひとまず、ひと区切りにしておく。

こうした対応こそ必要な場合がたくさんあるんです。

つまり、世の中には「解決しなくていい問題」がいっぱいあるんです。

解決しなきゃ、と思うがゆえに問題をつくり出してしまうことが人間にはあるんです。

実際にはそんな必要はないのに。

それは本物の問題じゃないんじゃないか。

ただ「問題だと思おうとしているだけ」かもしれない。

あなたがいま抱えている問題は、本当の問題ですか？

8 じぃーーっと見ていれば、暗闇にだって目が慣れる

この本の前半で、「これまで人に言われた悪口」のリストをつくってもらいました。

あれもこれも、と思い出すうちに、気持ちがズドーンと沈んできませんでしたか？

でも、さらにいろいろと考えていくうちに、心がしびれてきて、だんだん、だんだん、だんだんと……なんだかどうでもよくなりませんでしたか？

そうなんです。

これでもか、というくらいに悪口を浴びると心が慣れる。次第に暗闇に目が慣れてくるようなものです。

あるときから、怖れていたものが怖くなってしまう。必死に否定していたものが、「……あれ、なんだ、大したことないじゃないか」と思えるようになることがあ

ります。

するといままで、自分がどんなに大げさだったかに気づきます。

たとえば、自分が手痛い失敗をしてしまったとき、その失敗を「なかったことにする」のではなく、「ちゃんと認めてから終わらせる」という失敗の受けとり方があります。

失敗を「ちゃんと見つめる」ということ。

自分がしたこと。できなかったこと。やってしまったこと。いたらなかったこと。人を傷つけたこと。全部、じぃーーっと見るんです。

私、悪くないもん、と相手のせいにして逃げたりしない。

私にはこんな事情があったから、と正当化もしない。

私が悪いのよ、と全部自分のせいにもしない。

そのまま放っておくと、心が「怖いものを見る目」で見始めてしまいます。

すると、不公平な怖れや不必要な恐怖が芽生えてしまうんです。

だからそうなる前に、冷静に、こだわりなく、静かにただ見ておく。

ただただ、目の前で起こったこと、起こしてしまったことを、じぃーーっと見る。

反省もせずに見る。後悔もせずに見る。

イライラもせずに、隠しもせずに、ただ見る。

すると、「じぃーーーーーーーーーっ」

が、やがて「シーーーーーーーーーーーーーン」になるときが来るんです。


つまり、終わり。

失敗に対して、後悔や反省や怒りとか、ネガティブなものをぶつけても逃げても、終わりは来ません。

失敗は、見つめて感じるもの。

失敗は、感じて学ぶもの。

それぐらいが、いい感じにフラットな「失敗の終わらせ方」かなと思います。

9 曲がった骨は、戻る

カウンセリングが終わると、苦しみに沈んでいた人も、笑顔になってお帰りになることがふつうです。

そして、しばらくたつと、

「心屋さん、やっぱダメです……」

顔はどんより。

心が怖れをぶり返してしまっている。

でも、そんなぶり返しは、ふつうのことなのです。

心の折り目には跡が残りますからね。

まっすぐにしたとしても、気づいたらそこが、いつの間にかにまた折れ曲がっているんです。

たとえば、合わない靴を長年はいてて親指が曲がってしまった。治療を受けたとしてもまわりの筋肉が固まっているので、そう簡単には戻りません。治療を受けた日にまっすぐに戻ったとしても、またしばらくしたら戻るものです。だからその長年のクセを戻すには、ゆっくりとまわりの筋肉をゆるめながらやっていけばいいのです。

カウンセリングの場では、そんな曲がってしまった心のクセを、ハッキリとさせます。

そして、そのクセをつくり出したものを見つけて、それを取り去る方法を探しだそうとします。

そこで見つかる方法は、一気に強く刺激を与えて集中して解決する「北風」式もあるでしょう。

じっくりと時間をかけて、問題が溶けていくのを待つ「太陽」方式の方法もあります。

この本の中でも、いろいろな人のいろいろな悩みに少しでもひっかかるように話を進めています。

ある方法が効く人もいれば、まったく別の方法がぴたっとはまる人もいるんです。

同じ人でも、状況や、場面や、程度、心の様子によって、答えが逆転するなんてこともしょっちゅうです。


でも心の曲がりグセは、基本的に同じ場所に、くり返しできるものなんです。

初めてのことじゃない。

手がかりはすでにどこかに隠れているんです。

あなたにとって、効き目のあるキーワードや、効果的なアプローチの仕方を見つけることは、意外と簡単かもしれませんよ。

調子が悪いとき、そうでないときも、それをくり返し試してみてください。

もしくは、これも自分だね、と割り切って、放っておく。

それも受けとりのひとつ、そんな解決方法もありだと思います。

第8章

心のものさしを知れば、人はのびのび生きることができる

1
「怖れ」をものさしにして生きてもつまらない

僕は京都を中心に、心のあり方の勉強会やカウンセリングのセミナーをさせていただいています。いろんな人の悩みを聞いたり、いろんな心の詰まり方を眺めたりするたびに、いつも感じていることがあります。

それは、「結局みんな、マイナスを怖がって受けとらないことに必死になっているだけなんだなぁ……」という単純なことなんです。

「心屋さん、私、幸せになれるんでしょうか？」

こんなふうによく聞かれます。

「はい、なれますよ。では、不幸になってもいいって思えます？　それが覚悟できてたら幸せになれますよ」

僕がこう伝えてみても、ふつうは「いえいえ、それはダメでしょ」って、真顔で言い返されます。

「そうですよね。で、不幸になりたくないからチャレンジもしないし、新しいこともやらない。損もしたくない、と。

そればっかり考えてるから、結局はそっちばかりに意識が向いて、不幸をかなえてしまうんですね。不幸になってもいいって言ってみて……」

ただのセリフなのに怖くて言えない人は多いです。

多くの挫折をくり返してきたのでしょう。もうこれ以上ツライ思いはしたくない、辛酸をなめ尽くしてきて、もう、いやだ、と。そう思うからこそ、マイナスは無理！損はありえない！と、かたくなになっているんです。

もちろん、それはそれで、無理もないことです。

でも、その拒否感が強いならばなおさら、そのぐるぐるから抜け出せず、身動きがとれなくなっていることに気づいて欲しいのです。

そのしばりを解くには、怖がっているマイナスの正体をしっかりと見てしまうこと。怖がっているものの正体をちゃんと知ってしまうこと。

そして、そのマイナスは幻想だと気づくことが、いちばんの近道なんです。

損、不幸、コンプレックス、恥ずかしいこと、傷つくこと。自分の内側にあるマイナスも、外から来るマイナスも。

あなたの人生は、そうしたマイナスをちゃんと受けとることで、いつでも逆転できるものなんです。

その逆転には、痛みがともなうかもしれません。

でも、マイナスの拒否に心が奪われたままの人は、いつまでも成功も幸せも受けとれない。そのままになってしまうんです。

2 マイナスを拒否することで得られてしまう「満足感」

欲しいものになかなかたどり着かない人は、マイナスの拒否に心を奪われています。

そのことに体力を消耗させ、神経をすり減らした挙げ句、時間を浪費し、本来の実力をまったく発揮できないで、留め置かれてしまっているのです。

　でも、プラスとマイナスはいつだってセットなんです。何度も何度も言います。

　このことを説明するのに、僕はいつも——先にも使いましたが——「手のひら」と「手の甲」のたとえを使っています。

　手のひらと手の甲はいつも一体です。ふたつでひとつ。この両面が、ものごとすべてにある関係性です。

　あなたの手のひらには「幸せ」と書いてあるとします。

　しかし、手の甲には「不幸」と書いてある。手のひらを自分に近づけるとうれしくなる。もちろん、手のひらの裏側は手の甲です。

　幸せが欲しい、幸せが欲しい……と、願う。

　欲しかった幸せが、だんだんと近づいてくる。

　けれども、ある瞬間、幸せの裏側に不幸がくっついていることに気づく。

「手の甲（不幸）」がチラッと見えたから、手ごと振り払った。だからもう安心だ。

　でも、「手のひら」はなかなか来ないなぁ。早く欲しいものを手に入れたいんだけど……それをくり返すばかりで、自分で欲しいものを遠ざけていることに気づくことができないんです。

この「手のひら（幸せ）」と「手の甲（不幸）」という大前提を、けっして忘れないでください。

プラスを受けとると必ずマイナスがついてくる。

マイナスを受けとると、プラスがついてくる。

心はそんなことを知らずに、マイナスを振りほどくと同時に、プラスをむざむざ捨てています。

にもかかわらず、マイナスを拒否したことによる安心を得ているのです。

3 心は「いい悪い」ではジャッジしない

たとえば、自動販売機に五〇〇円入れたのに、それが戻ってこなかったとします。

そんなことがあると、「えっ？」と、いぶかしげに自動販売機を眺めてみたりしますよね。

返金レバーを引いても、どうやってもその五〇〇円は戻りません。たかが五〇〇円といえども、返ってこなかったらやっぱり悔しい。

でも、逆に、五〇〇円多く出てきたらどうでしょう？

きっとそこまで反応はしません。おそらく「おっ、ラッキー」くらいで終わるはずです。

つまり、心は得より、損の方に過剰に反応してしまうんです。

ちょっとした程度の損なのに、「手の甲」何枚分にも相当するくらいのアンバランスなジャッジの仕方をしてしまうものなんです。

しかし心は、場合によっては、得を見ても大騒ぎをします。

たとえば、自動販売機から一万円札がいきなり出てきたら？

もちろんそんな状況はありえないことなんですが、もしそんなことがあれば、心は怖れを感じます。

……ここに一万円ある！　このお金、欲しいなぁ。

でも、ネコババしたらあとが怖い、盗むなんて……。

心はそんなふうに騒ぎたてます。

人は常に、いいか悪いか、損か得か、あっちこっちに気をそらしながら、「それは怒られないか、嫌われないか、損しないか、痛くないか」ということだけを、必死に確かめようとしているんですね。

それが「怖れ」です。

「怖れ」とは、「自分を痛い目に遭わせる怖いもの」のこと。

それがあるかないか？

心の基準は、「怖れ」なんです。

4 「考える」と「感じる」の誤差に気づく

恋人とギクシャクしている。

仕事がうまくいかない。

人はよく、そんな言い方をします。
自分がこれだ、と思って選んでも、時間がたつにつれてしっくりこなくなる。
じつはそれも、心が常に怖いものを探しているからなのです。
たとえば、あなたは仕事をしながら、こんな人を身近に見たことはありませんか？
○充実感を求めてやっとつかんだ仕事なのに、あまりの残業の多さに疲弊して、辞めていった人。
○やりたくて始めた仕事だったのに、人間関係に悩んで、結局職場になじめないという理由で辞めていった人。
○付き合い出した恋人にあっけなく浮気されて、すぐに別れてしまった人。
○経済力があるたくましい人だと思って結婚したら、いつも忙しい上に、イライラしていた。そのうち気持ちも生活もすれ違いが大きくなり、離婚してしまった人。
そんなことだったら、最初から、残業がないことや気の合う人がいる職場、あるいは浮気をしないことや忙しくないことを第一条件にしていればよかったですね。

でも、実際にそう考えて、そんな選び方をする人は少ない。
人は頭で考えて、損しないよう、得するように、仕事や恋人を選びます。

でも、結局は、「怖さ」があるかどうか、怖いもの探しばかりし始めてしまうものなんです。

安全かどうか……。そして、いったん「怖れ」を感じると、心は暴君のようにふるまい始めます。

せっかく頭を使って、時間をかけて考えたことだって、いとも簡単に吹き飛ばしてしまう。

すべてを巻き込み、いいものも悪いものも全部、「ないもの」にしてしまうんです。

5 「愛されないこと」こそ、怖れの根

ここで、いったん整理しておきましょう。

心は、マイナス――不安定な要素を、いつも見つけようとしている。

心は、いつも「怖れ」を探し続け、探しあてると、それをじわじわとため込んでいきます。

プラスとマイナスはセットだと書きましたが、心がプラスを願えば願うほど、皮肉なことにマイナスが見つけだされることになります。

そしてそれは、かなり不公平な基準で見つけだされたマイナスなんです。

そんな「不安な心のでき方」を知って、受けとっておきましょう。


確かに、怖れは心を不安定にします。

でもその怖れの最大のものは、じつはひとつです。


それは、「愛されない」ことだと僕は思います。

愛されないこと。

それは、自分の評価が下がること、自分は誰からも必要ないとされること、どんな価値もないとされること、嫌われることです。

それを打ち破るためには、前項でとりあげた残念な事例に沿って、次のようにやってみて欲しいのです。

そう、「悪いやつ」になる。

たとえば、仕事であれば、まずは残業を断ってみてください。

わがままなやつだと評判が落ちることを受けとってしまうんです。

そうすると、残業のつらさや不平不満はなくなり、やがては充実感にもつながります。

たとえば、職場の人間関係になじめていないし、まわりの人からも愛されていないと感じるのなら、嫌われることを覚悟して、無愛想にしてみてください。

あえて「笑わない」でいるのです。

すると、信じられないでしょうが周囲の評判が上がるのです。

信じられないですよね。

だって、そうすると嫌われると思って、いままでそうしないようにがんばってきたのですから。

でも、それが「逆」だったのです。

6 とにかく受けとってしまう、という微調整の方法

心は意識的にコントロールできるところもありますが、無意識のうちに反応してしまうことがたくさんあります。

心は自動操縦なんです。

自動だから快適か、というとそうでもありません。

なぜなら、目的地に向かって自動というわけではなく、マイナスなもの、不安定なものを自動的に避けて道を選ぶ、危険回避の「自動操縦」だからです。

だから、心は、あなたが行きたい目的地に連れて行ってはくれません。

いまのままでいいよ、と、あなたを引き止めようとするでしょう。

目的地は「より安全な場所」であればどこでもいいのです。それをいままでずっとくり返してきたから、なかなか「行きたいところ」「本当に望むところ」に行けな

かったのです。

あなたが幸福をつかんだり、成功を達成するためには、その自動操縦を止めて、あえて痛みを感じてみる必要があるのです。

その調整方法こそ、「心がマイナスだと感じてしまったことを、あえて痛いまま受けとる」ということなんです。

……心って、なかなか思い通りにならないものです。

心はあなたのことを、あなたの望まない場所へと、いつのまにか、気がつかぬうちに連れて行ってしまうものだからです。

でも、じつはそれがいちばん望んでいたこと、つまり「安全」なのです。

いま現在も、あなたの心はいくつものマイナスを拒否すること、避けることに必死になっているかもしれません。

7 誰だって知っている、あなたの「マイナス」

ここでちょっと、衝撃的なことをお伝えしましょう。

あなたが受けとらないようにしてきた、バレないようにがんばってきた、自分の劣等感、ダメなところ、恥ずかしい面……。

世間はすでにそのことを全部知っています。それは見ればわかります。

本人だけがバレていないと思っているのです。

あなたのまわりの人を眺めてください。

他人が恥ずかしがって隠しているものは簡単に想像できます。

それはきっと、まわりから見たときのあなたの姿にも同じことが言えるんです。

あなたのマイナスも、まわりの人にはすでにおおよその見当がついている。

お見通しなんです。


それはこうも言えます。

まわりの人の力量は、あなたにとってそれほど重要なことではないはず。力が大きかろうが小さかろうが、多かろうが少なかろうが、ふだんそんなことはほとんど思い出すこともないはずです。

ならばきっと、あなただってそう思われているんです。

だからといって価値がないと思われているわけではありません。

ただ、あなたの劣等感のことなんて、あなたが思っているほど、いや、あなたのほかに気にしている人なんていないんです。

隠そうとしても最初からバレている。そもそも、隠すほどのことでもない。

あなたが受けとるまいとしていることは、その程度のことでしかないのかもしれません。

あなたは、ありのままのできなさ、ダメさで目的地に向かってください。

ありのままの自然な、できないあなただから、まわりはあなたをきちんと評価するんです。みんな助けてくれ、愛してくれるのです。

堂々と、隠さない自分でいれば、あなたはバカにされるどころか、「なんかいいね」

と賞賛されるかもしれない。いい面は、他人の方が知っているのです。

でも、あなたがマイナスを隠したままだとどうなるかというと、いい評価を受ける可能性を失うどころか、あなたの人生自体が、世間にはなんだかよくわからないものと映ってしまうでしょう。

そう、「逆」なのです。

くどいようですがもう一度言います。

あなたがマイナスだと思いこんでいるもの。欲しくない、認めてはいけない、と決めつけてきたものを、いますぐ、受けとってください。

やってみてください。

受けとるどころか、それをあくまで隠してきたから、いつまでもプラスに転じてくれなかったんです。

でも、受けとったら本当に悪くなってしまいそう、というのがいちばん怖いところでしょう。

心が絶対拒否モードになってしまうかもしれませんね。
でもそれは、何度も言う通り、全部「逆」です。「カンチガイ」なのです。
いままで信じてきたことを疑ってみて欲しいのです。

8 「受けとる」とは「受けとるまい」としないこと

とはいえ、世の中には、本当に受けとりにくいものがたくさんあります。
たとえば、いじめ、セクハラ、暴力……。
これって、なかなか受けとれないですよね。
「受けとってはいけない!!」と思われるでしょう。
ほかにも、借金、病気、逃げられない災害……。
これらも、受けとるって、ありえない。

だって、いじめに耐え続けるんですか？

セクハラや暴力を受け続けていろってことなんですか？　借金や病気や災害、そんなものをどんどん受けとったらどうなるの？

マイナスを受けとるというのは、それにフタをして、隠蔽しないということです。

いじめ、セクハラ、家族からの暴力だって、借金、病気、災害だってそう。

それを肯定しましょうと言っているのではまったくありません。

それを「ないものとはしないこと」と言った方が近いかもしれませんね。

イヤなものにバケツをかぶせてしまいたい気持ちはよくわかる。

でも、いくらバケツをかぶせても存在そのものはなくなりません。

心は弱点の存在に余計にとらわれ続けるものでしたね。

だから、あなたが何かを隠せば隠すほど、「何かを隠そうとしているぞ」と、まわりからの意識を引き寄せることになるでしょう。

まわりの人の心は、当然、その内側を覗きこんで来るはずです。

そこで、マイナスをいろいろな方法で隠し続けているうちに、いつのまにか、自分でも自分のことがわからなくなってしまう。

そのことにこだわり続け、結果として「見張り」続けてしまう。

そこにエネルギーを注ぎ続けて、かえって大きくしてしまうのです。

そうではなく、そういった「マイナス」に直面したときに自分が感じる、自分の「マイナス」の感情や、自分に対するなさけない思い、欠点、それらを「克服」しようとするのではなく、「そうなんだ」と受けとってしまうのです。

9 あなたは自分で思うより「うまくいっている」

何年か前の話です。

ある女性のクライアントさんがいました。

その人は「仕事の要領がいつまでたっても悪くて」ということで悩んでいました。

そこでその方には、仕事の要領がよくなることとは「対極」にあることを、いろいろと受けとっていただいたんです。

たとえば、自分の不器用さも、これも自分だなぁと、素直に受けとって、まわりに「助けてください」と言えるようになりました。それまでは必死にごまかしていたのです。

すると驚くことに「要領いいね」と言われるようになってびっくり。

ほかにも、自分は人間関係が苦手なんだとあきらめてもらいました。うまく話そうとか、おもしろいことを言おうとするのをやめてもらったのです。

すると、不思議なことに、「おもしろいね」と言われるようになったのです。

そもそも、体力がないから踏ん張りがきかない、ということも受けとっていただいた。

すると、不思議なことに体力がついてきて、あれ？　私こんなに元気だった？　と自分で驚かれました。

不思議でしょ？　これが「受けとる」の魔法なのです。

このようにいろんな変化が起きました。

「魔法」だから、「なぜ」「どうして」を超えていくのです。

それを「何か知らんけど」と、楽しんでしまうのです。

10 自分の人生だから、どっちに転んでもおもしろい

ここまで読んでいただいて、あなたの心にはどんな景色が見えているでしょうか。

受けとる、受けとらないにもいろいろある。

心が感じる怖れにも、いろいろな種類があるし、さまざまなシチュエーションがあります。

でも、どんな場合でもこれだけは言うことができると思うんです。


「損してもいい」

そう思えれば、心はもう大丈夫なんです。

自分が損をすること。自分が悲しい目に遭うこと。自分が嫌われること。自分が価

値の低い人間だと人に思われること。

これを受けとる覚悟をぜひしていただきたいと思います。

これが、「受けとる」ための究極の方法なのです。

最初はなかなか腹が決まらないかもしれません。それもしかたないです。でも「損してみようかな」と思ってみて欲しいのです。

だって「損しない」から。


まだまだうまくいっていないこと。

なかなか手に入れることができないことにぶつかったら、自分はいったい何を拒否してるんだろうか、と具体的に考えるクセをつけてください。

たとえば、自分はまだ人と上手に話せていない。

つまりそれは、うまく話したいと思っている。

つまりそれは、悪い印象を与えたくないと思っている。

悪く思われることを拒否している。だから、悪くても大丈夫、ということを受けとるんです。

すると、不思議なことに、「良く」思われるんです。

恋人が自分によく怒る。すぐに不機嫌になる。いくら言っても怒るのをやめてくれない。つまり、怒ること、怒りの表現を拒否しているんです。

だから、そこでは相手には「怒る権利」があるんだということを受けとることが必要なのです。そして自分にも怒る権利がある、と許せばいいのです。

すると、相手が怒ることがなくなります。

すべてこんな感じなんです。

とにかく、自分が具体的に何を拒否しているのかがわかりかけたらこっちのものです。わかったらすぐに、こんなふうに言ってみてください。

ひどい目に遭ってもいい。嫌われてもいい。イヤな思いをしてもいい。ダメなやつだと思われてもいい……と。

そう、「損してもいい」、ですね。

おわりに

「受けとる」というテーマは、いかがでしたでしょうか。

できるだけいろいろな例をあげながら書いてみました。

でも、ぴったりと当てはまらなかった方もいるかもしれませんね。

本書では、自分にとってイヤなものを受けとろう、ということを主題にしてきましたが、途中にあったように、人は、「素晴らしいもの」も受けとれません。

素晴らしいものを受けとれないから、悪いものも受けとれない。悪いものを受けとれないから、素晴らしいものも受けとれない、という、なんとも奇妙な現象になるのです。

僕はこの仕組みに気づいてから、積極的に、それまで避けてきた「イヤなこと」を受けとる練習をしていったのです。

そして、素晴らしさを受けとる練習も。

実際は、「素晴らしさ」を受けとる方が難しかったのではないかな、と思います。

「いやいやいや、わたしはそんなタマじゃございません」

自分のことを、言ってもらったように素晴らしいと思えなかったり、それでも自分は素晴らしいんだと口に出したりしながら、心中ざわざわしていたものです。

そして、トレーニングの結果、やがてそう思えるようになってきたら、悪口やつらいことも、自然と受けとれるようになっていました。

とはいえ、まだまだイヤなものはイヤですけどね。

でも、そうすると、自分が欲しかったものが次々と手に入るようになり、「受けとる」が加速していきました。

いちばんがんばったのが、「空腹」を受けとることでしたね。これは苦しかった。

ええ、食いしん坊ですから。

でも、それによって「体重一〇キロ減」が手に入りました。

仕事でいえば、売り上げが下がることを覚悟して、いままでやっていたセミナーを人に任せて辞めたら、テレビの仕事が舞い込んできたり。

自分が素晴らしいんだ、ということを受けとったら、本の売り上げはすぐに何倍にもなりました。

誤解されても弁解することをやめたら、よく理解されるようになったり。


最初はいったい何が何だか、わかりませんでした。

でも、あまりにも続くと「そういうものなんだ」と信じるようになりました。

信じるようになると、あとは確信犯です。

「損」をする方を選ぶと、「損」を受け入れると、どんどん得をするのです。


ただ、いつも損する方を選んでいる人、受け入れることばかりしている人は、その逆をやらないといけませんよ。

それがその人たちの「受け入れる」なのです。

いつも謝ってしまう人は、謝らない。いつも人の仕事を抱えてしまう人は、断って嫌われることを受け入れる。

いつも親や他人を許そうとしてしまう人は、そんなのイヤだと言ってみる。
そんな感じになります。

「受け入れる」とは何か、いろいろと試してみてくださいね。
別れを受け入れると、出会いがある。
死を受け入れると、生きられる。
倒産を受け入れると、起業できる。
顧客が減ることを受け入れると、売り上げが上がる。
サボることを受け入れると、仕事の効率がよくなる。
傲慢な自分を受け入れると、自信がつく。
捨てることを受け入れると、部屋が片づく。
嫌われることを受け入れると、人に好かれる。
無関心を受け入れると、人に愛されていることを知る。
悲しみを受け入れると、喜びがあふれてくる。
他人を受け入れると、自分が好きになる。

そう、受け入れる、とは、拒否してきたものを「許す」ということ。

拒否してきたものを「許す」ということは、自分との戦いを終わらせる、ということなんです。

自分との戦いを終わらせることができれば、いままでバラバラになっていた自分が、ひとつに戻ります。

それが、自分らしく生きることではないでしょうか？

自分らしく生きると、愛情も豊かさも、どんどん流れて来るのです。

そしてそれは、「わがまま」として、いままで受け入れてこなかった、だけのことなのです。

いままで「×」だと思っていたことを、いったん、全部「○」にしてみることで、人生は丸くつながっていく。それが「自分との仲直り」なのです。

京都にて　心屋仁之助

心屋仁之助（こころや・じんのすけ）

おもに個人のクライアントを対象として「性格を変える」「自分を好きになる」サポートを行なう心理カウンセラー。

1964生まれ。兵庫県出身。

桃山学院大学卒業後、佐川急便に新卒で就職、現場の営業を経たのち営業企画部門の管理職として19年従事し、その後、自身の家庭や性格の問題解決を通じて心理療法に出会い、心理カウンセラーとして起業。

現在は、京都を拠点として独自手法の心理カウンセリングや、その手法を広めるためのセミナー・講演・執筆活動などを行なっている。2万人の読者をもつメールマガジンを発行。

代表著書に『人間関係が“しんどい”と思ったら読む本』（中経出版）がある。

望《のぞ》んでいるものが手《て》に入《はい》らない本当《ほんとう》の理由《りゆう》

2013年 7月17日　初版発行

著　者　心　屋　仁　之　助
発行者　常　塚　　嘉　明
発行所　株式会社ぱる出版
〒160-0011　東京都新宿区若葉1-9-16
03(3353)2835―代表　03(3353)2826―FAX
03(3353)3679―編集
振替　東京 00100-3-131586
印刷・製本　中央精版印刷株式会社

ISBN978-4-8272-0805-4 C2011